The
Oxford Book
Of Russian Verse

The
Oxford Book
Of Russian Verse

Chosen by

The Hon. Maurice Baring

Oxford

At the Clarendon Press

1924

Oxford University Press

London   Edinburgh   Glasgow   Copenhagen
New York   Toronto   Melbourne   Cape Town
Bombay   Calcutta   Madras   Shanghai
Humphrey Milford Publisher to the UNIVERSITY

Printed in England

CHRONOLOGICAL LIST OF AUTHORS

CHRONOLOGICAL LIST OF AUTHORS

INTRODUCTION

I

For all students of literature—and especially for the foreign student—Russian literature and, of Russian literature, Russian poetry in particular, begins with the nineteenth century. The seeds of it were sown centuries earlier and are as obscure as the origins of Russian history and Russian civilization. These origins are still a matter of dispute among historians; and the most plausible theories advanced by certain brilliant writers of history are said by other equally brilliant critics to be highly conjectural. There are, it is true, certain facts and certain factors that stand out like landmarks and monuments of the past in writing as well as in stone.

The course of Russian literature, just as the course of Russian history, was interrupted by a series of startling events which again and again put back the clock of its normal progress.

The first centre of Russian culture was the city of Kiev on the Dnieper. Kiev was the mother of Russian letters; Moscow and St. Petersburg were the heirs of Kiev. In the eleventh century Kiev was one of the most enlightened cities of Europe. Her rulers were at this time related to the Kings of France, England, Hungary, and Norway. The Russian manuscripts of the eleventh century are as good as the finest manuscripts of western European countries of the same period. Kiev was the centre of wealth, learning, and art.

Byzantine artists went thither, and Kiev sent her own painters to the West. There was no barrier during this epoch between the East and the West. Nothing could have been more promising than such a beginning. It was followed by a series of disasters which retarded the growth of civilization and culture. First of all came the schism of the Eastern and Western Churches, which started in the ninth century and was never truly remediable after the excommunication of Cerularius in 1054, although attempts were made to heal it. It was caused by the rivalry between the Greeks and the Latins—a rivalry which ever since then has continued to exist between Rome and the East. The Slavs were the accidental victims of this racial quarrel. The schism erected a barrier between Russia and western Europe. Later, in the thirteenth century, another and a still more crushing and retarding blow was dealt to Russian civilization and Russian culture—the Tartar invasion, which was followed by the Tartar yoke. The Russians remained under the yoke of the Tartars from 1240 to 1480. Because of the Tartar yoke, from the fourteenth until the beginning of the nineteenth century Russian literature has nothing to give to the outside world. Kiev was destroyed by the Tartars in 1240. After this the south was abandoned ; Poland was separated from the east ; the eastern principalities were gradually drawn towards Moscow, and by the fourteenth century Moscow had taken the place of Kiev and had become the kernel of Russian culture. From the fourteenth until the beginning of the nineteenth century, Russian literature, instead of developing in a series of splendid and various phases of production, such as the Middle Ages in Italy, the Renaissance in France and England, the *Grand Siècle* in France, and the Georgian epoch in England, had nothing to present to western Europe. There were no literary Middle Ages in Russia, no Renaissance. Russia was debarred on one side from the living culture of the West and was cut off from the antique traditions of Rome and Greece on the other. There was, it is true, a popular poetry, but it was a flower which grew by the wayside and nobody took any notice of it until the nineteenth century.

In the twelfth century the beginnings of a new literature and of a national poetry are visible in the story of the ' Raid of Prince Igor ', a prose epic which is not only one of the most remarkable memorials to the ancient written language of Russia but, by virtue of its originality, its historical subject-matter, and its picturesque vividness, colour, and detail, has a place in the literary history of Europe. After the Tartar invasion, the history of Russian literature is the story of the destruction of the barrier and the wall which had shut off Russia from western Europe. This destruction came about gradually. It began when a link was forged between Moscow and the Byzantine Emperors and Italian architects and other foreigners poured into Moscow. This was followed by the establishment of the first printing press in Moscow during the reign of Ivan the Terrible, and by a slight infection of Polish manners and Latin culture which followed the brief reign of that enigmatic and romantic figure, the ' False Dimitrius ', who claimed to be a son of Ivan the Terrible. Kiev rose again from its ruins and became the centre of learning. Schools were founded in Moscow, and in 1665 Latin was taught by Simeon Polotsky, who wrote syllabic verse. In the latter half of the seventeenth century, another influence besides that of Kiev and Poland was felt: another breach was made in the wall. German officers, soldiers, capitalists, and artisans settled in the German suburb of Moscow and brought with them the technical crafts and the letters of western Europe. It was here that the Russian stage and the Russian ballet were born. Peter the Great made still wider breaches in the wall between Russia and western Europe, but the ' Peter the Great ' of Russian literature and of the Russian language was Michael Lomonosov (1711–1765), who was mathematician, chemist, astronomer, political economist, historian, electrician, geologist, grammarian, as well as a poet. He scraped the crust of foreign barbarism from his native language, and by his example still more than by his precept he displayed the Russian language in its native purity, and left it as an instrument ready attuned for a great player. Thanks to Lomonosov and to Prince Kantemir (1708–1744), who wrote the first Russian literary verse, the literary wall between Russia and French and German culture was finally broken down. Prince Kantemir wrote in the French manner. His style was modelled on that of Boileau. During Catherine the Second's reign, French influence was felt in Russia. Poets began to spring up, especially writers of odes, and the best of these was Derzhavin (1743–1816), a master of the French classical manner, in whose work the elements of real poetical beauty entitle him to be called the first Russian poet. It is with an example of his verse that this book begins. But it was not until the nineteenth century and the advent of Krylov that a poet of national importance was born.

II

Peter the Great, in a speech he made at a banquet after the Peace of Nystadt, said that historians placed the seat of all sciences in Greece, whence, being expelled by fate, they migrated to Italy and later to the rest of Europe, but owing to the perverseness of the ancient Russians they went no farther than Poland in their trend eastwards. He compared the transmigration of science to the circulation of the blood in the human body, and he prophesied that art and science and culture would travel one day from England, France, and Germany to Russia, and finally perhaps to Greece, their earliest home. The prophecy has in some ways been fulfilled, but the interesting point about Russian poetry and Russian music is this: thanks either to chance or to the logical march of history, the characteristics of both these arts are Greek, in spite of any other influences either from the west, the east, or the north.

In the songs of the Russian peasants the Greek modes are or (until the European war) were still in use: the Doric, the hypo-Dorian, the Lydian, the hypo-Phrygian. ' La musique, telle qu'elle était pratiquée en Russie au Moyen Age ', writes M. Soubier in his *History of Russian Music*, ' tenait à la tradition des religions et des mœurs païennes.' In the secular as well as in the ecclesiastical music of Russia there is an element of influence which is purely Hellenic.

When national poetry blossomed in Russia at the beginning of the nineteenth century, it revealed certain qualities and characteristics of its own which are different from what we find in the verse of other European nations, but in some respects singularly like the qualities which are peculiar to the verse of ancient Greece. In writing on the nature of Greek beauty Professor Gilber Murray, in *The Legacy of Greece*, says : ' It is not a beauty of ornament ; it is a beauty of structure, a beauty of rightness and simplicity. . . . Greek poetry is statuesque in the sense that it depends greatly on its organic structure ; it is not in the least so in the sense of being cold or colourless or stiff. But Greek poetry on the whole has a bareness and severity which disappoints a modern reader, accustomed as he is to lavish ornament and exaggeration at every turn. It has the same simplicity and straightforwardness as Greek sculpture. The poet has something to say and he says it as well and truly as he can in the suitable style, and if you are not interested, you are not.'

And in the same volume Mr. R. W. Livingstone says : ' If a reader new to the classics opened Thucydides, his first impression would probably be one of jejuneness, of baldness. If, fresh from Shelley or Tennyson, he came across the epigram of Simonides on the Spartan dead at Thermopylae,

> ὦ ξεῖν', ἀγγέλλειν Λακεδαιμονίοις ὅτι τῇδε
> κείμεθα, τοῖς κείνων ῥήμασι πειθόμενοι,

he might see little in it but a prosaic want of colour.

INTRODUCTION

This exceeding simplicity or economy is a stumbling-block to those who are accustomed to the expansive modern manner. Yet such a reader would have been making the acquaintance of some of the finest things in Greek literature, which is always at its best when most simple, and he would have been face to face with a characteristic quality of it.'

Almost exactly the same thing could be said of the student who, fresh from the western European languages, approaches Russian verse for the first time, and in writing on the salient characteristics of Russian poetry, fourteen years ago, in a book called *Landmarks in Russian Literature*, I made the same point about Russian poetry as the two scholars I have quoted make about the poetry of the Greeks. I can but quote what I wrote then, as this broad summary of the main qualities of Russian poetry has been approved by Russian critics, and indeed translated into Russian :

' It is in Russian poetry that the quality of Russian realism is perhaps most clearly made manifest. Any reader familiar with German literature will, I think, agree that if we compare French or English poetry with German poetry, and French and English Romanticism with German Romanticism, we are conscious, in approaching the work of the Germans, of entering into a more sober and more quiet dominion ; we leave behind the exuberance of England ; " the purple patches " of a Shakespeare, the glowing richness of a Keats, the soaring fancies of a Shelley, the wizard horizons of a Coleridge. We leave behind the splendid sword-play and gleaming decision of the French : the clarions of

Corneille, the harps and flutes of Racine, the great many-piped organ of Victor Hugo, the stormy pageants of Musset, the gorgeous lyricism of Flaubert, the jewelled dreams of Gautier, and all the colour and the pomp of the Parnassians. We leave all these things behind, to step into a world of quiet skies, rustling leaves, peaceful meadows, and calm woods, where the birds twitter cheerfully and are answered by the plaintive notes of pipe or reed, or interrupted by the homely melody, sometimes cheerful and sometimes sad, of the wandering fiddler.

'In this country, it is true, we have visions and vistas of distant hills and great brooding waters, of starlit nights and magical twilights ; in this country, it is also true that we hear the echoes of magic horns, the footfall of the fairies, the tinkling hammers of the sedulous Kobolds, and the champing and the neighing of the steeds of Chivalry. But there is nothing wildly fantastic, nor portentous, nor exuberant, nor dazzling ; nothing tempestuous, unbridled or extreme. When the Germans have wished to express such things, they have done so in their music ; they certainly have not done so in their poetry. What they have done in their poetry, and what they have done better than any one else, is to express in the simplest of all words the simplest of all thoughts and feelings. They have spoken of first love, of spring and the flowers, the smiles and tears of children, the dreams of youth and the musings of old age—with a simplicity, a homeliness no writers of any other country have ever excelled. And when they deal with the supernatural, with ghosts, fairies, legends, deeds of prowess or phantom lovers, there is a quaint homeliness about the recital of such things, as though they were being told by the fireside in a cottage, or being sung on the village green to the accompaniment of a hurdy-gurdy. To many Germans the phantasy of a Shelley or of a Victor Hugo is alien and unpalatable. They feel as though they were listening to men who are talking too loud and too wildly, and they merely wish to get away or to stop their ears. Again, poets like Keats or Gautier often give them the impression that they are listening to sensuous and meaningless echoes.

' Now Russian poetry is a step farther on in this same direction. The reader who enters the kingdom of Russian poetry, after having visited those of France and England, experiences what he feels in entering the German region, but still more so. The region of Russian poetry is still more earthy. Even the mysticism of certain German Romantic writers is alien to it. The German poetic country is quiet and sober, it is true ; but in its German forests you hear, as I have said, the noise of those hoofs which are bearing riders to the unknown country. You have, too, in German literature, allegory and pantheistic dreams which are foreign to the Russian poetic temperament, and for this reason unreflected in Russian poetry.

' The Russian poetical temperament and, its expression, Russian poetry, does not only closely cling to the solid earth, but it is based on and saturated with sound common sense, with a curious matter-of-fact quality. And this common sense, which the greatest Russian poet, Pushkin, is so thoroughly impregnated with, is as foreign to German *Schwärmerei* as it is to French rhetoric, or the imaginative exuberance of England. In the Russian poetry of the early part of the nineteenth century, in spite of the enthusiasm kindled in certain Russian poets by the romantic scenery of the Caucasus, there is very little feeling for nature. Nature, in the poetry of Pushkin, is more or less conventional : almost the only flower mentioned is the rose, almost the only bird the nightingale. And although certain Russian poets adopted the paraphernalia and the machinery of Romanticism (largely owing to the influence of Byron), their true nature, their fundamental sense, keeps on breaking out. Moreover, there is an element in Russian Romanticism of passive obedience, of submission to authority, which arises partly from the passive quality in all Russians, and partly from the atmosphere of the age and the political order of the beginning of the nineteenth century. Thus it is that no Russian Romantic poet would have ever tried to reach the dim pinnacles of Shelley's speculative cities, and no Russian Romantic poet would have uttered a wild cry of revolt such as Musset's " Rolla ". But what the Russian poets did, and what they did in a manner which gives them a unique place in the history of the world's literature, was to extract poetry from the daily life they saw around them, and to express it in forms of incomparable beauty. Russian poetry, like the Russian temperament, is plastic. Plasticity, adaptability, comprehensiveness, are the great qualities of Pushkin. His verse is " simple, sensuous, and impassioned " ; there is nothing indistinct about it, no vague outline and no blurred detail ; it is perfectly balanced, and it is this sense of balance and proportion blent with a rooted common sense, which reminds the reader of Greek art when he reads Pushkin, and gives us the impression that the poet is a classic, however much he may have employed the stock-in-trade of Romanticism.

' Meredith says somewhere that the poetry of mortals is their daily prose. It is precisely this kind of poetry, the poetry arising from the incidents of everyday life, which the Russian poets have been successful in transmuting into verse. There is a quality of matter-of-factness in Russian poetry which is unmatched ; the same quality exists in Russian folklore and fairy tales ; even Russian ghosts, and certainly the Russian devil, have an element of matter-of-factness about them ; and the most Romantic of all Russian poets, Lermontov, has certain qualities which remind one more of Thackeray than of Byron or Shelley, who undoubtedly influenced him.'

The passage which I have just quoted is, I repeat, a generalization, and, like all generalizations, it lays stress on one side to the exclusion of others, and it requires modification and qualification ; but roughly, broadly, I am told by those Russians whose literary judgement I respect and believe in, that it is true.

It is certainly true of the great poets who heralded the dawn of the new age at the beginning of the nineteenth century in Russia.

III

Krylov's first Fables appeared in 1806, and he went on writing fables till he died in 1844. His earliest fables were translations from La Fontaine. Their success encouraged him to translate others from the French or to adapt from Aesop or other sources, but as time went on he invented fables of his own. At his death he left two hundred fables, of which one hundred and forty are original. His translations are often as successful as his original work, and they are re-creations rather than translations. Krylov was a satirist with a fund of the shrewdest sense—*le gros bon sens*; but, like La Fontaine, he was not only a poet but a poet of nature. His imagery, the machinery of his verse, is conventional; he uses zephyrs, nymphs, gods, and demi-gods, but he breathes a new life into these outworn forms. In speaking of a cornflower he will recall Aristophanes; in his fable of the eagle and the spider he will give you a vista as from an aeroplane, an airscape; and he can evoke the nightingale's song no less magically than Keats. He is a master of the *Volkston* and his fables abound in native proverbial turns of speech, and many of the phrases he himself coined have become part of the Russian language.

Compared with La Fontaine he is a more careless and a less spontaneously finished artist; at times he seems heavy beside the French fabulist, slovenly and even clumsy, but the two poets have many qualities in common, and chiefly that of being popular. Pushkin said Krylov was ' le plus populaire de nos poètes '.

Up to the beginning of the nineteenth century a superstition had reigned in the Russian literary world that the literature of France was the only literature that counted. This superstition was exploded by Zhukovsky (1783–1852). He opened the door on the kingdoms of

German and English poetry. He translated Gray's *Elegy*
twice—the second version, written after a visit to Stoke
Poges, will be found in this book—and the ballads and
lyrics of Bürger, Uhland, Hebbel, Schiller, and Goethe.
It is no exaggeration to say he is the first and best
translator in European literature; he re-created and
made his own what he touched, and being a master of
technique and a 'lord of language' second only in
Russian poetry to Pushkin, he finished the work of
attuning the instrument of Russian verse, and made it
ready for a poet of genius to take and play upon it and
to master its whole gamut.

The moment demanded a man, and the man came.
His name was Pushkin. He was born in 1799 at Moscow,
of ancient lineage, with a streak of Abyssinian blood on
his mother's side. Of all Russian writers both of verse
and prose Pushkin is the one whom the Russians admire
most. V. Soloviev said he would give the whole of the
works of Tolstoy for an unpublished poem of Pushkin.
Turgenev said there were four lines of the ' Conversation
between the Bookseller and the Poet ' [1] he would gladly
have burnt all his work to have written. Some of his
prose works (and his prose has the same excellence and
the same qualities as his verse—for his verse is, as
a Frenchman said of some one else, ' beau comme de
la prose ') have been admirably translated by Prosper

---

[1] Тамъ, тамъ, гдѣ тѣнь, гдѣ листъ чудесный,
Гдѣ льются вѣчныя струи,
Я находилъ огонь небесный,
Сгорая жаждою любви.

Mérimée, but his verse is little known outside Russia, because it is untranslatable.

Dr. Johnson said we learn foreign languages and dead languages because of their poetry, which we cannot taste without reading them in the original, and it is worth while learning Russian simply for the sake of reading Pushkin.

The fundamental moral characteristic of his genius, of the substance and groundwork of his genius, was his power of understanding. There was nothing which he could not understand. Dostoyevsky called him πανάνθρωπος, and it is this capacity for understanding everything and everybody, for being able to assimilate anything, however alien, that makes him so profoundly Russian. So much for his substance, ' *pour le fond* '.

As to his form, his qualities as an artist can be summed up in one word, he is classic. Classic in the same way that the Greeks are classic.

To quote Professor Murray once more, he had something to say and he said it as well and as truly as he could in the suitable style. Suitable, yes, but that is *meiosis* ; it is a huge understatement of the case. Supremely appropriate and inevitable would be the more accurate description, and never, as the aesthetic Lady says in Gilbert's *Patience*, ' supremely all-but '. His themes were often romantic, but romanticism to Pushkin was only a means to an end ; a mask through which he could try the pitch of his voice and cast aside as soon as he was sure that he had attained it.

Pushkin is remarkable because he combines gifts that are rarely met with in conjunction : the common sense, the reality, the detachment, and the finish of a Miss Austen ; the swiftness and masculinity of a Byron ; and the form, the lofty form, easy withal and perfectly natural, of a Racine ; reaching at times, and should it be necessary, the sublimity of a Milton. When he wants to, Pushkin can ' build lofty rhyme ' with the greatest. He is, in a word, the Mozart of poetry : he can be as light as Figaro and as tremendous as the chords of the *Commendatore* or the message of the *Requiem* ; and to translate his poems into another language is as hopeless a task as it would be to try to transmute the melodies of Mozart into another medium, into colour or stone. It is for this reason that Pushkin, perhaps more than all other Russian poets, is akin to the Greeks. Pushkin lisped in numbers like Pope ; fame came to him as easily as the power of writing verse. His genius met with immediate recognition from his contemporaries, and the new accent which can be heard so distinctly in his early work was instantly acclaimed. When the first of his poems which sought the suffrages of the general public, namely, ' Ruslan and Ludmila ', was published in 1820, it was received with enthusiasm by the public, and Pushkin's reputation was definitely sealed. But the poem itself, although Pushkin borrowed the subject from Russian folklore, was still an offspring of French influence. When the second edition was published eight years later, Pushkin added a prologue to it in his finest manner, which will be found in this book. In 1820 Pushkin was banished to the south of Russia. His exile lasted six years, two years of which were spent on his own estate. This temporary banishment

ripened and matured his genius and provided him with
new subject-matter. He learnt Italian and English, and
came under the influence of André Chénier and Byron.
The influence of Byron is discernible in a long poem,
' The Prisoner of the Caucasus '. Byron helped Pushkin
to emancipate himself from the influence of France and
opened his eyes to a new world, but the methods of the
two poets are radically different, and Pushkin cannot be
said ever to have imitated Byron. Pushkin derived his
inspiration from his own country, which he discovered
during his banishment to it. It was during this period
that he wrote some of his finest lyrics, notably the
' Conversation between the Bookseller and the Poet ';
also a longer poem called ' The Gipsies ', and his dramatic
chronicle, ' Boris Godunov '. Byron's influence was
followed by that of Shakespeare. It was Shakespeare's
influence that led Pushkin to try the historical drama.
In ' Boris Godunov ' both the tragic and the poetical
scenes and those that depict common life are vivid, and
the characters live, but Pushkin, like Goethe, lacked the
gift of stage architectonics and the optics which are
necessary for successful stage-craft. So his play, though
a dramatic poem of the highest order, is not an acting
drama. It was published in 1831 and passed almost
unnoticed. In 1828 Pushkin wrote his ' Poltava ', of
which the subject is Mazeppa and which in reality is
the epic of Peter the Great. In 1831 he finished the
eighth and last canto of his ' Evgenie Oniegin '. This
is his best-known and perhaps his most characteristic
work, for, with the publication of ' Oniegin ', Pushkin
conquered a new kingdom ; so far he had written the

best Russian verse and the best Russian prose; in
writing 'Oniegin' he created the Russian novel.
'Oniegin' is a story of contemporary life told in verse,
a novel in verse, the first Russian novel and the best.
It has the ease of Byron's 'Don Juan', the reality of
Fielding and Miss Austen, and nevertheless, when the
situation demands it, it rises and takes on radiance and
expresses poetry and passion. It contains one of the
great confessions of love in poetry, a performance with-
out parallel because only a Russian could have written
it, and of Russians only Pushkin. It has the perspicuity
of a crystal sphere, a liquid spontaneity, as of a black-
bird's song. Pushkin in his 'Oniegin' succeeded in
doing what Shelley urged Byron to do, in creating, that
is to say, something new, and in accordance with the
spirit of the age. 'Oniegin' has been compared to
Byron's 'Don Juan', but the only resemblance between
the two poems is that they both deal with contemporary
life, and in both poems there are rapid transitions
from the grave to the gay and from the lively to
the severe, and the author frequently breaks off the
narrative to make digressions. 'Oniegin' is an organic
whole with a well-constructed plot: a beginning,
a middle, and an end, so that it makes an admirable
libretto for an opera. In the workmanship, the standard
of 'Oniegin' is higher than that of 'Don Juan', for,
although Pushkin is just as spontaneous a writer as
Byron, he is at the same time an impeccable artist and
cannot drop a stitch, strike a false note, or blur an
outline. Later on, Pushkin sought the province of
Russian folklore and wrote some admirable fairy tales

which are as homely as those of Grimm. But throughout his whole career he continued to pour out a stream of lyrics and occasional pieces, many of which are among the most beautiful of his poems. The width of his range is astonishing. Pushkin will sometimes write lines which have the grace of a Greek epigram, at other times he will write a poem as bitter and as passionate as the most packed of Shakespeare's sonnets, or he will write you an ode blazing with indignant patriotism, or a description of a winter's drive, or an autumn morning, or a lofty prayer, a playful or a tender love poem, a finished Horatian ode, or a lyric as galloping as any of those of Byron. He understood the hearts of all men, and because he understood the hearts of men, of whatever nation and of whatever race, he understood the Russian heart better than any of his countrymen. He loved his people for what they were, and as they were; and he told the story of the soul of his people in the cadence of his words and the lilt of his songs. In his verse you can hear the *troika* circling, blind and bewildered in the blizzard; you can feel the shadow of Peter the Great; you can peer into the crystal of the heart of the Russian woman; you can hear his old nurse crooning the fairy tales that were told when Rurik came over the sea. You can watch in the silence of the night the sleepless soul gazing at the blurred and blotched scroll, the smeared chronicle of its past deeds, powerless with all the tears in the world to wash away the written characters, and you can read in eight short lines an expression of the inexpressible : the declaration of love of all the unhappy lovers in the world. But perhaps the greatest of his short poems is ' The Prophet ', and even a rough prose translation gives some idea of the imaginative splendour of the poem, although of course none of the infinite range and suggestion of its sonorous music, none of its perfectly planned and magnificently close utterance. I print this translation here simply in the hope of stimulating in some reader the desire to learn Russian so as to read this poem in the original.

THE PROPHET

' My spirit was weary and I was athirst, and in the dark wilderness I went astray. And a seraph with six wings appeared to me at the crossing of the ways: And he touched my eyelids and his fingers were as soft as sleep : and my prophetic eyes were awakened like those of a startled eagle. And the angel touched my ears and he filled them with noise and with sound : and I heard the Heavens shuddering, and the flight of the angels in the height, and the moving of the beasts under the waters, and the noise of the growing vine in the valley. He bent down over me and he looked upon my lips ; and he tore out my sinful tongue, and he took away all idle things and all evil with his right hand, and his right hand was dabbled with blood ; and he set there in its stead, between my perished lips, the tongue of a wise serpent. And he clove my breast asunder with a sword, and he plucked out my trembling heart and in my stricken breast he set a live coal of fire. Like a corpse in the desert I lay. Then the voice of God called out and said unto me : " Prophet, arise, and take heed, and hear. Be filled with My Will and go forth over the sea and over the land, and set light with My word to the hearts of the people." '

Pushkin is Russia's national poet. He emancipated the Russian language from the bondage of the conventional. He is above all things a lyrical poet and a realistic poet. He revealed to the Russians the beauty and charm of their own country, the goodness of their own people, and the beauty of their own folklore. He was a great artist, and fundamentally a classical artist, although he handled romantic themes in a romantic manner at the beginning of his career. He was gifted with divine ease, and, since his expression is inseparable from his thought, his work is, as I have already said, untranslatable. To appreciate Pushkin it is necessary to learn Russian.

Pushkin died comparatively young at the age of thirty-eight in 1837. As Schiller says :

> ' Nimmer, das glaubt mir,
> Erscheinen die Götter
> Nimmer allein.'

Pushkin's successor was Lermontov, who was born at Moscow in 1814. After a brief, troubled, and unsatisfactory career, in which temporary periods of exile to the Caucasus were the brightest and most profitable events, he was killed in a duel which was fought over a trivial incident in 1841. Lermontov achieved fame through his ' Ode on the Death of Pushkin ', in which he struck strong and bitter chords : a note which he was to strike several times, notably in the poem called ' A Thought ' and in another which has for subject the transfer of Napoleon's body to Paris. But it is not in such poems that you will find Lermontov at his most characteristic. Lermontov is a romantic poet. He sought out his own path and remained in it. He chose certain themes in his youth and he clung to them. His most widely known poem is ' The Demon ', which tells of the love of a demon for a woman. The subject is as romantic as any that might have been chosen by Byron or Moore, but Lermontov's poem is as fresh to-day as when it was written. The poem contains magnificent descriptions of the Caucasus. He wrote other romantic tales in which he made experiments with his brush and his colours until, in ' Mtsyry ' (the Novice), he produced a finished picture. In this tale of a Circassian orphan Lermontov reaches the high-water mark of his descriptive powers. The pages and the lines glow like jewels. Although Lermontov was a romantic—and he felt Byron's influence more deeply than Pushkin—his treatment of romantic themes is that of a realist. Like Pushkin, he is a lyric poet, and profoundly original, subjective, and self-centred. His descriptions—and here Shelley's influence is said to be discernible—however magnificent, are always concrete and sharp; he can be the most unadorned, truthful, and vivid of all Russian poets at times. In fact, he succeeds in writing a poem or presenting a situation without any exaggeration, emphasis, imagery, or metaphor, in the very language of everyday conversation, and at the same time achieving poetry of the highest, most ' inevitable ' order. This was Wordsworth's ideal, but whereas Wordsworth constantly relapses into ' poetic diction ', Lermontov never does. For instance, Lermontov would never call a spade a ' tool of honour ', he would simply call it a spade, and if he wrote a poem about a spade it would be poetical, in spite of the fact, perhaps because of it. Lermontov, again, could never have expressed himself in diction equivalent to a line of Wordsworth's, such as

' Whence comes ', said I, ' this piteous moan ? '

or addressed a child as follows,

' My child, in Durham do you *dwell* ? '

Lermontov would have used the Russian equivalent for *live* instead of *dwell*, and yet he would have achieved poetry. His diction is far more like that of everyday life than that of Wordsworth, and yet his verse is never prosaic.

The best examples of Lermontov's gifts at their finest are, of his long poems, the ' Song of Tsar Ivan Vasilievich the *Oprichnik* (bodyguardsman) and the Merchant Kalashnikov '; and among his shorter poems, ' The Testament ', where a wounded officer gives his last instructions to a friend who is going home on leave, or his account of the battle of Borodino as told by a veteran. His short lyrics, many of which are included in this volume, every Russian child used to know by heart. A prose translation of ' The Testament ' will give an idea of the way in which Lermontov handles a subject :

THE TESTAMENT

' I want to be alone with you, my friend, just for a moment. They say I have not long to live and you will soon be going home on leave. Well, look . . . but why ? There is not a soul over there who will be greatly troubled about my fate.

INTRODUCTION

' And yet, if some one were to ask you, whoever it might be, tell them a bullet hit me in the chest and say that I died honourably " for king and country ", that our doctors are fools and that I send my best love to the old country.

' My father and my mother you will scarcely find alive, and to tell the truth it would be a pity to make them unhappy, but if one of them should still be living, say that I am bad at writing, that they sent us to the front and that they need not wait for me.

' We had a neighbour . . . as you will remember, I and she —how long ago it is—we said good-bye ! She will not ask after me. But no matter, tell her everything, do not spare her empty heart, let her have her cry, tears cost her nothing.'

Lermontov only left behind him one poet: the greatest of Russian folk-poets, Koltsov. There followed in Russian literature an epoch of prose: Gogol, the Westerners and Herzen ; and the Slavophils. Among the latter was a poet, the patriot Homyakov.

Then came the age of the great novelists, Turgeniev, Goncharov, Saltikov (the satirist), Tolstoy, Dostoyevsky, and Leskov. The neglect of verse in Russia lasted right until the end of the 'seventies, but after a wave of political crisis which reached its climax with the assassination of Alexander II, reaction and stagnation set in, the poets were rediscovered, and many who had been quietly singing from the 'sixties onward were appreciated once more. Among these the most important is Tyutchev, whose work was unnoticed (except by men of genius such as Tolstoy and Turgenev) until

1854, and met with no appreciation until a great deal later. He went on living until 1873 and was the greatest poet of his day, which happened to be the Parnassian period, for in Russia, as in the rest of Europe, there was a Parnassian period which corresponded to the epochs of Parnassian poetry in England and France. I am using the words 'Parnassian' and 'Parnassus' in the widest sense of the words. In the sense I am using it, it would include Tennyson (although he wrote political poems and on current subjects) as well as Rossetti and Swinburne : Verlaine as well as Leconte de Lisle (Verlaine began by being a Parnassian), and Sully-Prudhomme (although he wrote a great many didactic poems) as well as Heredia. Tyutchev, for instance, although his work was first noticed in this period, was not a Parnassian. He preceded the epoch and might be said to have affinities with the German Romantic School. He also wrote a great many political poems. But in the poems of the remaining writers of the 'fifties and 'sixties, even the works of those who are most unlike French or English poets, there is a note that in an undefinable way reminds one of the contemporary verse of the period of all other European countries, and which is post-Romantic and 'Parnassian' in quality. It may be objected that the word *Parnassian* is here a misnomer, and that it is absurd to include in one and the same category poets as widely different as Sully-Prudhomme and Verlaine, Tennyson and Browning and Swinburne. But it must be remembered that time throws a startling light on the past, and that under its mellowing and dissolving influence books and works of art which at one time seemed so strangely dissimilar, suddenly seem to belong unmistakably to one given period and become strangely alike. People once cut their throats over the difference between the music of Gluck and Piccini; to our ears it is now difficult to perceive any difference between the 'date' of their respective work; and the time will perhaps come when it will be difficult to detect much difference between the lyrics of Byron, Shelley, and Wordsworth, or even— I admit that this at present seems wildly improbable— between those of writers who appeared to their contemporaries as startlingly different as Browning, Tennyson, and Patmore. However this may be, in Russia there was a Parnassian epoch, and the Russian Parnassians varied perhaps less from one another than those of France and England. The Olympian calm and the serene slopes of the Russian Parnassus were disturbed by a stern and disturbing visitor in the shape of Nekrasov (1821– 1877)—a poet of the first rank. Nekrasov sang the life of the people, the peasants' life, with power and with authority and without any idealization. He is not unlike the English poet Crabbe, and, like Crabbe, he has a keen and marvellous eye for landscape, a gift of unsentimental pathos, an uncompromising brush and palette, and a strong transparent sincerity. He reaches at times to imaginative sublimity in his descriptions, especially in his poem called 'The Red-nosed Frost', where King Frost comes to a peasant woman who is at work in the wintry forest and freezes her to death. The passage will be found in this volume.

The best-known of the Parnassians proper are Maikov

(1821–1897), Fet (1820–1892), and Polonsky (1820–1898). All three of these began to write in the 'forties: they all three paid great attention to form. All three were typical Parnassians. They had no didactic message and they remained aloof from political and social questions. Of the three, Maikov is the most concrete. He was drawn towards classical themes ; Italy and old ballads fascinated him. His verse is plastic and coloured. He paints Russian landscape and evokes reminiscences of childhood in fresh and vivid colours. Fet, on the other hand, lives in another world, he is farther removed from reality. His muse is elusive. His delicate lyrics express the intangible : overtones, echoes, flickering shades, half-tints. His verse is iridescent like a shell with an orient tint, and soft and delicate as a petal of blossom. ' Men che di rose e più che di viole.' He has something in common with the French poet Albert Samain, and something which sometimes reminds one of Verlaine. Indeed his verse observes the canon and fulfils the standard of Verlaine's *Ars poetica* :

> ' Pas la Couleur, rien que la nuance !
> Oh ! la nuance seule fiance
> Le rêve au rêve et la flûte au cor ! '

Polonsky is nearer to the earth ; he has a wide range of subjects and his lyrics have sometimes a dramatic quality. His verse is above all things musical and reflects the charm of his personality. Of these three poets he is perhaps, considering the whole of his production, the most remarkable. But in the Parnassian group there is another lyrical poet who is more important than these : Count Alexis Tolstoy (1817–1875). He

wrote a noble trilogy of historical plays on the sub-
ject of Ivan the Terrible and many beautiful lyrics,
Tennysonian in their tenderness but entirely Russian in
their ' touch ', accent, and naturalness.   One of the most
characteristic examples of his nature poems and a match-
less rendering of Russian landscape is No. 115 in this
book :

> По греблѣ неровной и тряской,
> Вдоль мокрыхъ рыбачьихъ сѣтей.

' Through the slush and the ruts of the roadway—
  By the side of the dam of the stream ;
Where the wet fishing-nets are drying,
  The carriage jogs on, and I muse.

I muse and I look at the roadway,
  At the damp and the dull grey weather,
At the shelving bank of the lake,
  And the far-off smoke of the villages.

By the dam, with a cheerless face,
  Is walking a tattered old Jew.
From the lake, with a splashing of foam,
  The waters rush through the weir.

A little boy plays on a pipe,
  He has made it out of a reed.
The startled wild-ducks have flown,
  And call as they sweep from the lake.

Near the old tumbling-down mill
  Some labourers sit on the grass.
An old worn horse in a cart
  Is lazily dragging some sacks.

And I know it all, oh ! so well,
  Though I never have been here before,
The roof there, far away yonder,
  And the boy, and the wood, and the weir,

And the mournful voice of the mill,
And the crumbling barn in the field—
I have been here and seen it before,
And forgotten it all long ago.

This very same horse plodded on,
It was dragging the very same sacks ;
And under the mouldering mill
The labourers sat on the grass.

And the Jew, with his beard, walked by,
And the weir made just such a noise.
All this has happened before,
Only, I cannot tell when.'

But the poem in which he rises to greatest heights
is 'Tropar', an imitation of the ἰδιόμελα of St. John
Damascene, which is a part of the funeral service of the
Eastern Church blent with other motifs from the same
service. Here is a prose translation of it :

HYMN

' What joy does this life possess that is not mingled
with earthly sorrow ? What hope is not in vain and
where among mortals is there one who is happy ? Of
all the fruits of our labour and toil there is nothing
which shall endure nor anything of any value. Where
is the earthly glory that shall remain and pass not away ?
All things are but ashes, phantom, shadow, and smoke.
Everything shall vanish as the dust of a whirlwind ;
and face to face with death we are unarmed and without
defence ; the right hand of the mighty is feeble and the
commands of kings are as nothing. Receive, O Lord,
Thy departed Servant into Thy happy dwelling-place !

' Death, like a furious knight-at-arms encountered me,

and like a robber he laid me low ; the grave opened its jaws and took away from me all that was alive. Save yourselves, kinsmen and children. I call to you from the grave. Be saved, my brothers, my friends, so that you behold not the flames of hell ! Life is a kingdom of vanity, and as we breathe the corruption of death, we wither away like flowers. Why do we toss about in vain ? Our thrones are nothing but graves and our palaces but ruins. Receive, O Lord, Thy departed Servant into Thy happy dwelling-place !

‘ Amidst the heap of rotting bones, who is king or servant or judge or warrior ? Who shall deserve the Kingdom of God, and who shall be the outcast and the evil-doer ? O brothers, where is the gold and the silver, where are the hosts of servants ? Among the forgotten graves who is the rich man and who is the poor man ? All is but ashes and smoke, and dust and mould, phantom and shadow and dream ; only with Thee in Heaven, O Lord, is there refuge and salvation ; all that was once flesh shall disappear and our pomps shall fall in decay. Receive, O Lord, Thy departed Servant into Thy happy dwelling-place !

‘ And Thou who dost intercede on behalf of us all, Thou the defender of the oppressed ; to Thee, most blessed among women, we cry on behalf of our brother who lies here. Pray to Thy Divine Son, pray, O most Immaculate, for him : that having lived out his life upon earth, he may leave his sorrow behind him. All things are but ashes, dust and smoke and shadow. O friends, put not your faith in a phantom ! When, on some sudden day, the corruption of death shall breathe upon us, we shall perish like wheat, mown down by the sickle in the corn-fields. Receive, O Lord, Thy departed Servant into Thy happy dwelling-place!

'I follow I know not what path; half in hope and half in fear I go; my sight is dimmed, my heart has grown chill, my hearing is faint, my eyelids are closed; I am lying voiceless and I cannot move, I cannot hear the wailing of the brethren, and the blue smoke from the censer brings to me no fragrance; yet, until I sleep the eternal sleep, my love shall not die, and in the name of that love I implore you, O my brothers, that each one of you may thus call upon God: " Lord, on that day, when the trumpet shall sound the end of the world, receive Thy departed Servant into Thy happy dwelling-place!"'

In the 'eighties, Nadson (1862–1887), who died at the age of twenty-four of consumption, left behind him a legacy of verse which enjoyed an almost incredible popularity. His verse is at times magically musical, but ultra-morbid, super-delicate, and, to the taste of a later day, mawkish. After Nadson came the so-called 'Decadent' School, in which the influence of Shelley, Verlaine, the French Symbolists, and Edgar Allan Poe made itself felt. This school produced two remarkable poets: Valery Bryusov and Alexander Blok. The latter, who died in Russia during the Russian Revolution, started as an exquisite and ended as a great poet, as will be seen from the extracts quoted in this book. His most famous poem, and the masterpiece of modern Russian poetry, ' The Twelve ', which is a vision of Bolshevism and amazingly impressive—especially if one hears it read out—is too long for quotation in this

volume, but it will be seen from a poem called «На полѣ
Куликовомъ» (No. 142) how poignant a note he is able to
strike.

In spite of the War and the Revolution, perhaps
because of them, Russian poetry has continued and is
continuing to flourish, but as this book was compiled
at the beginning of the War, and I have since then had
no access to modern Russian literature, I have not
attempted, with one exception, to deal with Russian
poetry of the present day. Those who wish to get an
idea of contemporary Russian verse cannot do better
than consult Prince Dimitri Sviatopolk-Mirsky's antho-
logy,[1] *Russkaia Lyrika*, published in Paris, where, among
other interesting things, he will become acquainted with
the work of a remarkable poetess, Anna Akhmatova.

IV

I have said that Russian poetry resembles Greek
poetry in its absence of ornament, its beauty of structure,
of rightness and simplicity. Lomonosov, in speaking of
the Russian language, said that it possessed the vivacity
of French, the strength of German, the softness of
Italian, the richness and concision of Greek and Latin.
The Russian language in the hands of an artist such as
Pushkin reminds one constantly of Greek art. Pushkin's
eight lines (No. 17 in this anthology) could only have
been written either in Russian or in Greek :

Я васъ любилъ ; любовь еще, быть-можетъ,
Въ душѣ моей угасла не совсѣмъ ;

---

[1] Paris, " Presse Franco-Russe," 1924. 216, Bd.
Raspail.

Но пусть она васъ больше не тревожитъ;
Я не хочу печалить васъ ничѣмъ.
Я васъ любилъ безмолвно, безнадежно,
То робостью, то ревностью томимъ;
Я васъ любилъ такъ искренно, такъ нѣжно,
Какъ дай вамъ Богъ любимой быть другимъ.

' I loved you and it may be that my love within my soul has not yet altogether died away; howbeit, it will not trouble you any more, I do not wish to sadden you in any way. I loved you in silence and without hope, worn out now with jealousy and now with shamefastedness; I loved you so truly and so tenderly as may God grant you may be loved by some other one.'

Pushkin, moreover, at times has the simplicity and the power of evoking a whole picture in one line without ornament or epithet, such as we find only in Homer. For instance, in a speech from his tale, ' The Miserly Knight ', there is a line which in Russian is :

И море, гдѣ бѣжали корабли.

(I morye gdye bezhali korabli.)

The literal translation is ' and the sea where the ships were scudding '. The Russian line evokes without a single epithet a whole picture. Swinburne praises Tennyson for what he calls a triumph of evocation and accurate observation in the line :

' and white ships flying on the yellow sea ',

but in Tennyson's line there are two epithets. Pushkin achieves a still more vivid picture without mentioning a colour or a shade, by the perfect lilt and appropriateness of his words and his rhythm, and by the movement and accent of the particular verb employed. Although the other Russian poets do not attain to Pushkin's matchless standard, nevertheless in all Russian poetry from Derzhavin down to the poets of the present day, we find the same unique quality of naturalness and sincerity ; the same love of realism, that is to say, of reality, the same absence of unnecessary ornament. All these qualities can be said to be Greek in their essentials, but Russian poetry has, in its subject-matter, qualities which are widely different from anything that is to be found in Greek literature, qualities which, in fact, were unknown to the ancients and which only came to the world with Christianity. Russian poetry expresses the Russian soul. The method of expression may be Greek, but the quality expressed is essentially Russian and widely different from anything Greek in its essentials. What it expresses is a spiritual flame, a fraternal sympathy, a great-hearted wisdom—pity, love, an all-embracing charity :

> ' Infinite passion and the pain
> Of finite hearts that yearn.'

MAURICE BARING.

Гавріилъ Романовичъ Державинъ

1743–1816

1.   ## Изъ Оды «Богъ»

Я связь міровъ повсюду сущихъ,
Я крайня степень естества,
Я средоточіе живущихъ,
Черта начальна Божества.
Я тѣломъ въ прахѣ истлѣваю,
Умомъ громамъ повелѣваю,
Я царь—я рабъ, я червь—я Богъ!
Но, будучи я столь чудесенъ,
Отколѣ происшелъ?—Безвѣстенъ,
А самъ собой я быть не могъ.

    Твое созданье я, Создатель,
Твоей премудрости я тварь,
Источникъ жизни, благъ податель,
Душа души моей и царь!
Твоей тò правдѣ нужно было,
Чтобъ смертну бездну преходило
Мое безсмертно бытіе,
Чтобъ духъ мой въ смертность облачился,
И чтобъ чрезъ смерть я возвратился,
Отецъ, въ безсмертіе Твое!

Иванъ Андреевичъ Крыловъ

1768–1844

2.   ## Два Голубя

Два голубя какъ два родные брата жили;
Другъ бéзъ друга они не ѣли и не пили;
Гдѣ видишь одного, другой ужъ, вѣрно, тамъ;
И радость и печаль—все было пополамъ;

Не видѣли они, какъ время пролетало;
Бывало грустно имъ, а скучно не бывало.

Ну, кажется, куда бъ хотѣть
Или отъ милой, иль отъ друга?
Нѣтъ, вздумалъ странствовать одинъ изъ нихъ летѣть,
Увидѣть, осмотрѣть
Диковинки земного круга,
Ложь съ истиной сличить, повѣрить быль съ молвой.
— «Куда ты?» говоритъ сквозь слезъ ему другой:
«Что пользы по свѣту таскаться?
Иль съ другомъ хочешь ты разстаться?
Безсовѣстный! когда меня тебѣ не жаль,
Такъ вспомни хищныхъ птицъ, силки, грозы ужасны
И все, чѣмъ странствія опасны!
Хоть подожди весны летѣть въ такую даль;
Ужъ я тебя удерживать не буду.
Теперь еще и кормъ и скуденъ такъ и малъ;
Да, чу! и воронъ прокричалъ:
Вѣдь это, вѣрно, къ худу.
Останься дома, милый мой!
Ну, намъ вѣдь весело съ тобой!
Куда жъ еще тебѣ летѣть, не разумѣю;
А я такъ безъ тебя совсѣмъ осиротѣю.
Силки, да коршуны, да громы только мнѣ
Казаться будутъ и во снѣ;
Все стану надъ тобой бояться я несчастья;
Чуть тучка лишь надъ головой,
Я буду говорить: Ахъ! гдѣ-то братецъ мой?
Здоровъ ли, сытъ ли онъ, укрытъ ли отъ ненастья!»
Растрогала рѣчь эта голубка;
Жаль братца, да летѣть охота велика:

2

ИВАНЪ АНДРЕЕВИЧЪ КРЫЛОВЪ

Она и разсуждать, и чувствовать мѣшаетъ.
— «Не плачь, мой милый», такъ онъ друга утѣшаетъ.
«Я на три дня съ тобой, не больше, разлучусь,
Все наскоро въ пути замѣчу на полетѣ
И, осмотрѣвъ, что есть диковиннѣй на свѣтѣ,
Подъ крылышко къ дружку назадъ я ворочусь.
Тогда-то будетъ намъ о чемъ повесть словечко!
Я вспомню каждый часъ и каждое мѣстечко;
Все разскажу: дѣла-ль, обычай ли какой,
    Иль гдѣ какое видѣлъ диво.
Ты, слушая меня, представишь все такъ живо,
Какъ будто бъ самъ леталъ ты по свѣту со мной».
Тутъ—дѣлать нечего—друзья поцѣловались,
    Простились и разстались.
Вотъ странникъ нашъ летитъ; вдругъ встрѣчу дождь
       и громъ;
Подъ нимъ, какъ океанъ, синѣетъ степь кругомъ.
Гдѣ дѣться? Къ счастью, дубъ сухой въ глаза попался;
    Кой-какъ угнѣздился, прижался
      Къ нему нашъ голубокъ;
Но ни отъ вѣтру онъ укрыться тутъ не могъ,
Ни отъ дождя спастись: весь вымокъ и продрогъ.
Утихъ помалу громъ. Чуть солнце просіяло,
Желанье позывать бѣдняжку далѣ стало.
Встряхнулся и летитъ,—летитъ и видитъ онъ:
Въ заглушьи подъ лѣскомъ разсыпана пшеничка.
Спустился—въ сѣти тутъ попалась наша птичка!
    Бѣды со всѣхъ сторонъ!
    Трепещется онъ, рвется, бьется.
По счастью, сѣть стара: кой-какъ ее прорвалъ,
Лишь ножку вывихнулъ, да крылышко помялъ;

Но не до нихъ: онъ прочь безъ памяти несется.
Вотъ, пуще той бѣды, бѣда надъ головой.

  Отколь ни взялся ястребъ злой.
  Не взвидѣлъ свѣта голубь мой!

 Отъ ястреба изъ силъ послѣднихъ мащетъ.
Ахъ, силы вкороткѣ! совсѣмъ истощены!
Ужъ когти хищные надъ нимъ распущены;
Ужъ холодомъ въ него съ широкихъ крыльевъ пашетъ.
Тогда орелъ, съ небесъ направя свой полетъ,

  Ударилъ въ ястреба всей силой—
И хищникъ хищнику достался на обѣдъ.

  Межъ тѣмъ нашъ голубь милой,
Внизъ камнемъ ринувшись, прижался подъ плетнемъ.

 Но тѣмъ еще не кончилось на немъ:
Одна бѣда другую накликаетъ.
Ребенокъ, черепкомъ намѣтя въ голубка,

 — Сей возрастъ жалости не знаетъ,—
Швырнулъ, и раскроилъ високъ у бѣдняка.
Тогда-то странникъ нашъ, съ разбитой головою,
Съ попорченнымъ крыломъ, съ повихнутой ногою,

  Кляня охоту видѣть свѣтъ,
Поплелся кое-какъ домой безъ новыхъ бѣдъ.
Счастливъ еще: его тамъ дружба ожидаетъ!

   Къ отрадѣ онъ своей;
Услуги, лѣкаря и помощь видитъ въ ней;
Съ ней скоро всѣ бѣды и горе забываетъ.

    —

О вы, которые объѣхать свѣтъ вокругъ
   Желаніемъ горите!
  Вы эту басенку прочтите,

И въ дальній путь пускайтесь не вдругъ;
Что бъ ни сулило вамъ воображенье ваше,
Но, вѣрьте, той земли не сыщете вы краше,
Гдѣ ваша милая, иль гдѣ живетъ вашъ другъ.

3. КРЕСТЬЯНЕ И РѢКА

Крестьяне, вышедъ изъ терпѣнья
От разоренья,
Что рѣчки имъ и ручейки
При водопольи причиняли,
Пошли просить себѣ управы у рѣки,
Въ которую ручьи и рѣчки тѣ впадали.
И было что на нихъ донесть!
Гдѣ озими разрыты;
Гдѣ мельницы посорваны и смыты
Потоплено скота, что и не счесть!
А та рѣка течетъ такъ смирно, хоть и пышно;
На ней стоятъ большіе города,
И никогда
За ней такихъ проказъ не слышно:
Такъ, вѣрно, ихъ она уйметъ,
Между собой крестьяне разсуждали.
Но что жъ? Какъ подходить къ рѣкѣ поближе стали
И посмотрѣли, такъ узнали,
Что половину ихъ добра по ней несетъ.
Тутъ, попусту не заводя хлопотъ,
Крестьяне лишь его глазами проводили;
Потомъ взглянулись межъ собой
И, покачавши головой,
Пошли домой;

А отходя, проговорили:

«На что и время тратить намъ?

На младшихъ не найдешь себѣ управы тамъ,

Гдѣ дѣлятся они со старшимъ пополамъ».

4.   ОРЕЛЪ И ПАУКЪ

     За облака орелъ

   На верхъ кавказскихъ горъ поднялся,

   На кедрѣ тамъ столѣтнемъ сѣлъ

И зримымъ подъ собой пространствомъ любовался.

Казалось, что оттоль онь видѣлъ край земли:

Тамъ рѣки по степямъ излучисто текли;

   Здѣсь рощи и луга цвѣли

   Во всемъ весеннемъ ихъ уборѣ;

   А тамъ сердитое Каспійско море,

Какъ ворона крыло, чернѣлося вдали.

«Хвала тебѣ, Зевесъ, что управляя свѣтомъ,

Ты разсудилъ меня снабдить такимъ полетомъ,

Что неприступной я не знаю высоты»,

     Орелъ къ Юпитеру взываетъ:

   «И что смотрю оттоль на міра красоты,

     Куда никто не залетаетъ».

— «Какой же ты хвастунъ, какъ погляжу!»

Паукъ ему тутъ съ вѣтки отвѣчаетъ:

«Да ниже ль я тебя, товарищъ, здѣсь сижу?»

   Орелъ глядитъ: и подлинно, паукъ,

   Надъ самымъ имъ раскинувъ сѣть вокругъ,

     На вѣточкѣ хлопочетъ,

И, кажется, орлу заткать онъ солнце хочетъ.

   — «Ты какъ на этой высотѣ?»

     Спросилъ орелъ: «и тѣ,

Которые полетъ отважнѣйшій имѣютъ,
      Не всѣ сюда пускаться смѣютъ;
А ты безъ крылъ и слабъ; неужли ты доползъ?»
     —«Нѣтъ, я бъ на это не рѣшился».
     —«Да какъ же здѣсь ты очутился?»
     —«Да я къ тебѣ же прицѣпился,
И съ низу на хвостъ ты самъ меня занесъ:
Но здѣсь и безъ тебя умѣю я держаться;
И такъ передо мной прошу не величаться,
И знай, что я»... Тутъ вихрь, отколѣ ни возьмись,
И сдунулъ паука опять на самый низъ.

—

    Какъ вамъ, а мнѣ такъ кажутся похожи
      На этакихъ нерѣдко пауковъ
Тѣ, кои безъ ума и даже безъ трудовъ,
    Тащатся вверхъ держась за хвостъ вельможи;
      А надуваютъ грудь,
Какъ будто бъ силою ихъ Богъ снабдилъ орлиной;
      Хоть стоитъ вѣтру лишь пахнуть,
      Чтобъ ихъ унесть и съ паутиной.

5.   Ручей

Пастухъ у ручейка пѣлъ жалобно, въ тоскѣ,
Свою бѣду и свой уронъ невозвратимый:
      Ягненокъ у него любимый
      Недавно утонулъ въ рѣкѣ.
Услыша пастуха, ручей журчитъ сердито:
—«Рѣка несытная! что, если бъ дно твое
      Такъ было, какъ мое,
      Для всѣхъ и ясно и открыто,

И всякій видѣлъ бы на тинистомъ семъ днѣ
Всѣ жертвы, кои ты столь алчно поглотила;
Я чай, бы со стыда ты землю сквозь прорыла
И въ темныхъ пропастяхъ себя сокрыла.

Мнѣ кажется, когда бы мнѣ
Дала судьба обильныя столь воды,
Я, украшеньемъ ставъ природы,
Не сдѣлалъ курицѣ бы зла:
Какъ осторожно бы вода моя текла
И мимо хижинки и каждаго кусточка!
Благословляли бы меня лишь берега,
И я бы освѣжалъ долины и луга,
Но съ нихъ бы не унесъ листочка.
Ну, словомъ, дѣлая путемъ моимъ добро,
Не приключа нигдѣ ни бѣдъ, ни горя,
Вода моя до самаго бы моря
Такъ докатилася чиста, какъ серебро».

Такъ говорилъ ручей, такъ думалъ въ самомъ дѣлѣ.
И что жъ? Не минуло недѣли,
Какъ туча ливная надъ ближнею горой
Разсѣлась:
Богатствомъ водъ ручей сравнялся вдругъ съ рѣкой;
Но, ахъ! куда въ ручьѣ смиренность дѣлась;
Ручей изъ береговъ бьетъ мутною водой,
Кипитъ, реветъ, крутитъ нечисту пѣну въ клубы,
Столѣтніе валяетъ дубы.
Лишь трески слышны вдалекѣ;
И самый тотъ пастухъ, за коего рѣкѣ
Пенялъ недавно онъ такимъ кудрявымъ складомъ,
Погибъ со всѣмъ своимъ въ немъ стадомъ,
А хижины его пропали и слѣды.

8

—

Какъ много ручейковъ текутъ такъ смирно, гладко,
     И такъ журчатъ для сердца сладко,
  Лишь только оттого, что мало въ нихъ воды!

6.   ОРЕЛЪ И КРОТЪ

     Не презирай совѣта ничьего,
       Но прежде разсмотри его.

                —

   Со стороны прибывъ далекой
Въ дремучій лѣсъ, орелъ съ орлицею вдвоемъ,
   Задумали навѣкъ остаться въ немъ
    И, выбравши вѣтвистый дубъ, высокой,
Гнѣздо себѣ въ его вершинѣ стали вить,
Надѣясь и дѣтей тутъ вывести на лѣто.
       Услыша кротъ про это,
    Орлу взялъ смѣлость доложить,
Что этотъ дубъ для ихъ жилища не годится,
    Что весь почти онъ въ корнѣ сгнилъ
    И скоро, можетъ быть, свалится:
Такъ чтобъ орелъ гнѣзда на немъ не вилъ.
Но кстати ли орлу принять совѣтъ изъ норки,
    И отъ крота! А гдѣ же похвала,
         Что у орла
      Глаза такъ зорки?
И что за стать кротамъ мѣшаться смѣть въ дѣла
         Царь-птицы!
    Такъ многаго съ кротомъ не говоря,
Къ работѣ поскорѣй, совѣтчика презря,—
       И новоселье у царя
   Поспѣло скоро для царицы.

Все счастливо: ужъ есть и дѣти у орлицы.

   Но что жъ?—Однажды, какъ зарей,

  Орелъ изъ-подъ небесъ къ семьѣ своей

Съ богатымъ завтракомъ съ охоты торопился,

   Онъ видитъ: дубъ его свалился!

И подавило имъ орлицу и дѣтей.

   Отъ горести не взвидя свѣту,

   «Несчастный!» онъ сказалъ:

«За гордость рокъ меня такъ люто наказалъ,

  Что не послушался я умнаго совѣту.

   Но можно ль было ожидать,

Чтобы ничтожный кротъ совѣтъ могъ добрый дать?»

  — «Когда бы ты не презрѣлъ мною»,

Изъ норки кротъ сказалъ: «то вспомнилъ бы, что рою

   Свои я норы подъ землей

   И что, случаясь близъ корней,

Здорово ль дерево, я знать могу вѣрнѣй».

7.   ВАСИЛЕКЪ

  Въ глуши расцвѣтшій василекъ

Вдругъ захирѣлъ, завялъ почти до половины

  И, голову склоня на стебелекъ,

   Уныло ждалъ своей кончины;

Зефиру между тѣмъ онъ жалобно шепталъ:

  «Ахъ если бы скорѣе день насталъ,

И солнце красное поля здѣсь освѣтило,

Быть можетъ, и меня оно бы оживило!»

  — «Ужъ какъ ты простъ, мой другъ!»

  Ему сказалъ, вблизи копаясь, жукъ:

«Неужли солнышку лишь только и заботы,

Чтобы смотрѣть, какъ ты растешь,

ИВАНЪ АНДРЕЕВИЧЪ КРЫЛОВЪ

И вянешь ты, или цвѣтешь?
Повѣрь, что у него ни время ни охоты
На это нѣтъ.
Когда бы ты леталъ, какъ я, да зналъ бы свѣтъ,
То видѣлъ бы, что здѣсь луга, поля и нивы
Имъ только и живутъ, имъ только и счастливы:
Оно своею теплотой
Огромные дубы и кедры согрѣваетъ,
И удивительною красотой
Цвѣты душистые богато убираетъ;
Да только тѣ цвѣты
Совсѣмъ не то, что ты:
Они такой цѣны и красоты,
Что само время ихъ, жалѣя, коситъ;
А ты ни пышенъ, ни пахучъ;
Такъ солнца ты своей докукою не мучь!
Повѣрь, что на тебя оно луча не броситъ,
И добиваться ты пустого перестань:
Молчи и вянь!»
Но солнышко взошло, природу освѣтило,
По царству Флорину разсыпало лучи,
И бѣдный василекъ, завянувшій въ ночи,
Небеснымъ взоромъ оживило.

—

О вы, кому въ удѣлъ судьбою данъ
Высокій санъ!
Вы съ солнца моего примѣръ себѣ берите!
Смотрите:
Куда лишь лучъ его достигнетъ, тамъ оно
Былинкѣ ль, кедру ли—благотворить равно,

И радость по себѣ и счастье оставляетъ;
Зато и видъ его горитъ во всѣхъ сердцахъ,
    Какъ чистый лучъ въ восточныхъ хрусталяхъ,
    И все его благословляетъ.

XX 8.   ОСЕЛЪ И СОЛОВЕЙ

    Оселъ увидѣлъ соловья,
И говоритъ ему: «Послушай-ка, дружище!
Ты, сказываютъ, пѣть великій мастерище:
    Хотѣлъ бы очень я
    Самъ посудить, твое услышавъ пѣнье.
    Велико ль подлинно твое умѣнье».
Тутъ соловей являть свое искусство сталъ:
    Защелкалъ, засвисталъ
На тысячу ладовъ, тянулъ, переливался;
    То нѣжно онъ ослабѣвалъ
И томной вдалекѣ свирѣлью отдавался,
То мелкой дробью вдругъ по рощѣ разсыпался.
    Внимало все тогда
    Любимцу и пѣвцу Авроры;
Затихли вѣтерки, замолкли птичекъ хоры,
    И прилегли стада.
    Чуть-чуть дыша, пастухъ имъ любовался,
    И только иногда,
    Внимая соловью, пастушкѣ улыбался.
Скончалъ пѣвецъ. Оселъ, уставясь въ землю лбомъ
  —«Изрядно», говоритъ: «сказать неложно,
    Тебя безъ скуки слушать можно;
    А жаль, что незнакомъ
    Ты съ нашимъ пѣтухомъ:

Еще бъ ты болѣ навострился,
    Когда бы у него немножко поучился».
Услыша судъ такой, мой бѣдный соловей
Вспорхнулъ и—полетѣлъ за тридевять полей.

—

Избави Богъ и насъ отъ этакихъ судей.

Василій Андреевичъ Жуковскій

1783–1852

9.   СЕЛЬСКОЕ КЛАДБИЩЕ
                    ЭЛЕГІЯ

(Второй переводъ изъ Грея)

Колоколъ поздній кончину отшедшаго дня возвѣщаетъ;
Съ тихимъ блеяньемъ бредетъ черезъ поле усталое стадо;
Медленнымъ шагомъ домой возвращается пахарь, уснув-
        шій
Міръ уступая молчанью и мнѣ. Ужъ блѣднѣетъ окрест-
        ность,
Мало по малу теряясь во мракѣ, и воздухъ наполненъ
Весь тишиною торжественной: изрѣдка только пром—
        чится
Жукъ съ усыпительно-тяжкимъ жужжаньемъ, да рогъ
        отдаленный,
Сонъ наводя на стада, порою невнятно раздастся;
Только съ вершины той, пышно плющемъ украшенной,
        башни
Жалобнымъ крикомъ сова предъ тихой луной обвиняетъ
Тѣхъ, кто, случайно зашедши къ ея гробовому жилищу,
Миръ нарушаютъ ея безмолвнаго, древняго царства.
Здѣсь подъ навѣсомъ нагнувшихся вязовъ, подъ свѣжею
        тѣнью

ВАСИЛІЙ АНДРЕЕВИЧЪ ЖУКОВСКІЙ

Ивъ, гдѣ зеленымъ дерномъ могильные холмы покрыты,
Каждый навѣкъ затворяся въ свою одинокую келью,
Спятъ непробудно—смиренные предки села. Ни веселый
Голосъ прохладно-душистаго утра, ни ласточки ранней
Съ кровли соломенной трель, ни труба пѣтуха, ни
    отзывный
Рогъ, ничто не подыметъ ихъ болѣ съ ихъ бѣдной постели.
Яркій огонь очага ужъ для нихъ не зажжется; не будетъ
Ихъ вечеровъ услаждать хлопотливость хозяйки; не
    будутъ
Дѣти тайкомъ къ дверямъ подбѣгать, чтобы подслушать,
    нейдутъ ли
Съ поля отцы, и къ нимъ на колѣна тянуться, чтобъ
    первый
Прежде другихъ схватить поцѣлуй. Какъ часто серпамъ
    ихъ
Нива богатство свое отдавала; какъ часто ихъ острый
Плугъ побѣждалъ упорную глыбу; какъ весело въ поле
Къ трудной работѣ они выходили; какъ звучно топоръ
    ихъ
Въ лѣсѣ густомъ раздавался, рубя вѣковыя деревья!
Пусть издѣвается гордость надъ ихъ полезною жизнью,
Низкій удѣлъ и семейственный миръ поселянъ презирая;
Пусть величіе съ хладной насмѣшкой читаетъ простую
Лѣтопись бѣднаго; знатность породы, могущества пыш-
    ность,
Все, чѣмъ блеститъ красота, чѣмъ богатство плѣняетъ,
    все будетъ
Жертвой послѣдняго часа, ко гробу ведетъ насъ и слава.
Кто обвинитъ, ихъ за то, что надъ прахомъ смиреннымъ
    ихъ память

Пышныхъ гробницъ не воздвигла; что въ храмахъ, по
    сводамъ высокимъ,

Въ блескѣ торжественномъ свѣчъ, въ благовонномъ дыму
    ѳиміама

Имъ похвала не гремитъ, повторенная звучнымъ орга-
    номъ?

Надпись на урнѣ иль дышущій въ мраморѣ ликъ не
    воротятъ

Въ прежнюю область ея отлетѣвшую жизнь, и хвалебный

Голосъ не тронетъ безмолвнаго праха, и въ хладно-нѣмое

Ухо смерти не вкрадется сладкій ласкательства лепетъ.

Можетъ быть, здѣсь въ могилѣ, ничѣмъ незамѣтной,
    истлѣло

Сердце, огнемъ небеснымъ нѣкогда полное; стала

Прахомъ рука, рожденная скипетръ носить, иль восторга

Пламень въ живыя струны вливать. Но наука предъ
    ними

Свитковъ своихъ, богатыхъ добычей вѣковъ, не рас-
    крыла,

Холодъ нужды умертвилъ благородный ихъ пламень,
    и сила,

Геніемъ полной души ихъ, безплодно погибла на вѣки.

О, какъ много чистыхъ, прекрасныхъ жемчужинъ сокрыто

Въ темныхъ, невѣдомыхъ намъ глубинахъ океана! Какъ
    часто

Цвѣтъ родится на то, чтобъ цвѣсти незамѣтно и сладкій

Запахъ терять въ безпредѣльной пустынѣ! Быть можетъ,

Здѣсь погребенъ какой-нибудь Гампденъ незнаемый,
    грозный

Мелкимъ тиранамъ села, иль Мильтонъ нѣмой и нес-
    лавный,

Или Кромвель неповинный въ крови согражданъ. Все-
    могущимъ

Словомъ сенатъ покорять, бороться съ судьбою, обилье

Щедрою сыпать рукой на цвѣтущую область, и въ
    громкихъ

Плескахъ отечества жизнь свою слышать—то рокъ за-
    претилъ имъ;

Но, ограничивъ въ добрѣ ихъ, равно и во злѣ огра-
    ничилъ:

Не далъ имъ воли стремиться къ престолу стезею
    убійства,

Иль затворять милосердія двери предъ страждущимъ
    братомъ,

Или, коварствуя, правду таить, иль стыда на ланитахъ

Чистую краску терять, иль срамить вдохновенье святое,

Гласомъ поэзіи славя могучій развратъ и фортуну.

Чуждые смутъ и волненій безумной толпы, изъ-за
    тѣсной

Грани желаньямъ своимъ выходить запрещая, вдоль
    свѣжей,

Сладко-безшумной долины жизни, они тихомолкомъ

Шли по тропинкѣ своей, и здѣсь ихъ пріютъ безмятеженъ.

Кажется, слышишь, какъ дышетъ кругомъ ихъ спокой-
    ствіе неба,

Всѣ тревоги земныя смиряя, и мнится, какой-то

Сердце объемлющій голосъ, изъ тихихъ могилъ поды-
    маясь,

Здѣсь разливаетъ предчувствіе вѣчнаго мира. Чтобъ
    праха

Мертвыхъ никто не обидѣлъ, надгробные камни съ
    простою

ВАСИЛІЙ АНДРЕЕВИЧЪ ЖУКОВСКІЙ

Надписью, съ грубой рѣзьбою прохожаго молятъ почтить
    ихъ

Вздохомъ минутнымъ; на камняхъ рука неграмотной
    музы

Ихъ имена и лѣта написала, кругомъ начертавши,

Вмѣсто надгробій, слова изъ Святого Писанья, чтобъ
    скромный

Сельскій мудрецъ по нимъ умирать научился. И кто
    же,

Кто въ добычу нѣмому забвенію эту земную

Милую, смутную жизнь предавалъ и съ цвѣтущимъ
    предѣломъ

Радостно-свѣтлаго дня разставался, назадъ не бросая

Долгаго, томнаго, грустнаго взгляда? Душа, удаляясь,

Хочетъ на нѣжной груди отдохнуть, и очи, темнѣя,

Ищутъ прощальной слезы; изъ могилы намъ слышенъ
    знакомый

Голосъ, и въ нашемъ прахѣ живетъ бывалое пламя.

Ты же, заботливый другъ погребенныхъ безъ славы,
    простую

Повѣсть объ нихъ разсказавшій, быть можетъ, кто-
    нибудь, сердцемъ

Близкій тебѣ, одинокой мечтою сюда приведенный,

Знать пожелаетъ о томъ, что случилось съ тобой, и быть
    можетъ,

Вотъ что разскажетъ ему о тебѣ старожилъ посѣдѣлый:

«Часто видали его мы, какъ онъ на разсвѣтѣ, поспѣш-
    нымъ

«Шагомъ, росу отряхая съ травы, всходилъ на пригорокъ

«Встрѣтить солнце; тамъ, на мшистомъ, изгибистомъ
    корнѣ

«Стараго вяза, къ землѣ приклонившаго вѣтви, лежалъ
 онъ
 Въ полдень, и слушалъ, какъ ближній ручей журчитъ,
  извиваясь;
«Вечеромъ часто, окончивъ дневную работу, случалось,
«Намъ видать, какъ у входа въ долину стоялъ онъ, за
 солнцемъ
«Слѣдуя взоромъ и слушая зяблицы позднюю пѣсню;
«Такъ же не разъ мы видали, какъ шелъ онъ вдоль лѣса
 съ какой-то
«Грустной улыбкой, и что-то шепталъ про себя, накло-
 нивши
«Голову, блѣдный лицомъ, какъ будто оставленный
 цѣлымъ
«Свѣтомъ и мучимый тяжкою думой или безнадежнымъ
«Горемъ любви. Но однажды, поутру, его я не встрѣ-
 тилъ,
«Какъ бывало, на холмѣ, и въ полдень его не нашелъ я
«Подлѣ ручья, ни послѣ въ долинѣ; прошло и другое
«Утро и третье; но онъ не встрѣчался нигдѣ, ни на холмѣ
«Рано, ни въ полдень подлѣ ручья, ни въ долинѣ
«Вечеромъ. Вотъ мы однажды поутру печальное пѣнье
«Слышимъ: его на кладбище несли. Подойди; здѣсь
 на камнѣ
«Если умѣешь, прочтешь, что о немъ тогда написали:—
«Юноша здѣсь погребенъ, невѣдомый счастью и славѣ;
«Но при рожденьи онъ былъ небесною музой присвоенъ,
«И меланхолія знаки свои на него положила.
«Былъ онъ душой откровененъ и добръ, его наградило
«Небо; несчастнымъ давалъ, что имѣлъ онъ—слезу; и
 въ награду

«Онъ получилъ отъ неба самое лучшее—друга.

«Путникъ, не трогай покоя могилы; здѣсь все, что въ
     немъ было

«Нѣкогда добраго, всѣ его слабости робкой надеждой

«Преданы въ лоно благого Отца, правосуднаго Бога.»

Александръ Сергѣевичъ Пушкинъ

1799–1837

10.   ПРОРОКЪ

Духовной жаждою томимъ,
В пустынѣ мрачной я влачился,
И шестикрылый серафимъ
На перепутьѣ мнѣ явился;
Перстами, легкими какъ сонъ,
Моихъ зѣницъ коснулся онъ:
Отверзлись вѣщія зѣницы,
Какъ у испуганной орлицы.
Моихъ ушей коснулся онъ,
И ихъ наполнилъ шумъ и звонъ:
И внялъ я неба содроганье,
И горній ангеловъ полетъ,
И гадъ морскихъ подводный ходъ,
И дольней лозы прозябанье.
И онъ къ устамъ моимъ приникъ,
И вырвалъ грѣшный мой языкъ,
И празднословный, и лукавый,
И жало мудрыя змѣи
Въ уста замершія мои
Вложилъ десницею кровавой.
И онъ мнѣ грудь разсѣкъ мечомъ,
И сердце трепетное вынулъ,

И угль, пылающій огнемъ,
Во грудь отверстую водвинулъ.
Какъ трупъ въ пустынѣ я лежалъ,
И Бога гласъ ко мнѣ воззвалъ:
«Возстань, пророкъ, и виждь, и внемли,
Исполнись волею Моей,
И обходя моря и земли,
Глаголомъ жги сердца людей!»

II.

АНЧАРЪ

(древо яда)

Въ пустынѣ чахлой и скупой,
На почвѣ, зноемъ раскаленной,
Анчаръ, какъ грозный часовой
Стоитъ одинъ во всей вселенной.

Природа жаждущихъ степей
Его въ день гнѣва породила,
И зелень мертвую вѣтвей,
И корни ядомъ напоила.

Ядъ каплетъ сквозь его кору,
Къ полудню растопясь отъ зною,
И застываетъ ввечеру
Густой, прозрачною смолою.

Къ нему и птица не летитъ,
И тигръ нейдетъ, лишь вихорь черный
На древо смерти набѣжитъ—
И мчится прочь, уже тлетворный.

И если туча ороситъ
Блуждая, листъ его дремучій,
Съ его вѣтвей, ужъ ядовитъ,
Стекаетъ дождь въ песокъ горючій.

Но человѣка человѣкъ
Послалъ къ Анчару властнымъ взглядомъ,
И тотъ послушно въ путь потекъ
И къ утру возвратился съ ядомъ.

Принесъ онъ смертную смолу
Да вѣтвь съ увядшими листами—
И потъ по блѣдному челу
Струился хладными ручьями.

Принесъ—и ослабѣлъ, и легъ
Подъ сводомъ шалаша, на лыки,
И умеръ бѣдный рабъ у ногъ
Непобѣдимаго владыки.

А царь тѣмъ ядомъ напиталъ
Свои послушливыя стрѣлы
И съ ними гибель разослалъ
Къ сосѣдямъ въ чуждые предѣлы.

12.

ГУСАРЪ

Скребницей чистилъ онъ коня,
А самъ ворчалъ, сердясь не въ мѣру:
«Занесъ же вражій духъ меня
На распроклятую квартеру!

Здѣсь человѣка берегутъ,
Какъ на турецкой перестрѣлкѣ;
Насилу щей пустыхъ дадутъ,
А ужъ не думой о горѣлкѣ.

Здѣсь на тебя, какъ лютый звѣрь,
Глядитъ хозяинъ, а съ хозяйкой...
Небось, не выманишь за дверь
Ее ни честью, ни нагайкой.

То-ль дѣло Кіевъ! Что за край!
Валятся сами въ ротъ галушки,
Виномъ хоть пару поддавай,
А молодицы—молодушки!

Ей-ей, не жаль отдать души
За взглядъ красотки чернобривой.
Однимъ, однимъ не хороши»...
—А чѣмъ же? Разскажи, служивый.—

Онъ сталъ крутить свой длинный усъ
И началъ: «Молвить безъ обиды,
Ты, хлопецъ, можетъ быть, не трусъ,
Да глупъ, а мы видали виды.

Ну, слушай; около Днѣпра
Стоялъ нашъ полкъ; моя хозяйка
Была пригожа и добра,
А мужъ-то померъ, замѣчай-ка.

Вотъ, съ ней и подружился я...
Живемъ согласно, такъ что любо:
Прибью—Марусенька моя
Словечка не промолвитъ грубо;

Напьюсь—уложитъ и сама
Опохмѣлиться приготовитъ;
Мигну бывало: эй, кума!—
Кума ни въ чемъ не прекословитъ.

Кажись, о чемъ бы горевать?
Живи въ довольствѣ, безобидно!
Да нѣтъ: я вздумалъ ревновать.
Что дѣлать? Врагъ попуталъ, видно.

Зачѣмъ бы ей, сталъ думать я,
Вставать до пѣтуховъ? Кто проситъ?
Шалитъ Марусенька моя;
Куда ее лукавый носитъ?

Я сталъ присматривать за ней.
Разъ я лежу, глаза прищуря
(А ночь была тюрьмы чернѣй,
И на дворѣ шумѣла буря),—
   И слышу: кумушка моя
Съ печи тихохонько спрыгнула,
Слегка обшарила меня,
Присѣла къ печкѣ, уголь вздула,
   И свѣчку тонкую зажгла,
Да въ уголокъ пошла со свѣчкой;
Тамъ съ полки сткляночку взяла
И, сѣвъ на вѣникъ передъ печкой,

   Раздѣлась до нага; потомъ
Изъ стклянки три раза хлебнула,
И вдругъ на вѣникѣ верхомъ
Взвилась въ трубу и улизнула.

   Эге! смекнулъ въ минуту я:
Кума-то, видно, басурманка!
Постой, голубушка моя!...
И съ печки слѣзъ и вижу: стклянка.

   Понюхалъ: кисло... Что за дрянь!
Плеснулъ я на полъ: что за чудо?
Прыгнулъ ухватъ, за нимъ лохань,
И оба въ печь. Я вижу: худо!

   Гляжу: подъ лавкой дремлетъ котъ,
И на него я брызнулъ стклянкой—
Какъ фыркнетъ онъ! Я: брысь!... И вотъ—
И онъ туда же за лоханкой.

   Я—ну кропить во всѣ углы
Съ плеча, во что ужъ ни попало;
И все: горшки, скамьи, столы—
Маршъ-маршъ! Все въ печку поскакало.

Кой чортъ! подумалъ я: теперь
И мы попробуемъ! И духомъ
Всю стклянку выпилъ; вѣрь не вѣрь—
Но къ верху вдругъ взвился я пухомъ.

Стремглавъ лечу, лечу, лечу,
Куда—не помню и не знаю;
Лишь встрѣчнымъ звѣздочкамъ кричу:
Правѣй!... И на земь упадаю.

Гляжу: гора. На той горѣ
Кипятъ котлы; поютъ, играютъ,
Свистятъ и въ мерзостной игрѣ
Жида съ лягушкою вѣнчаютъ.

Я плюнулъ и сказать хотѣлъ...
Какъ вдругъ бѣжитъ моя Маруся:
«Домой! Кто звалъ тебя, постpѣлъ?
Тебя съѣдятъ!»—Но я, не струся:

Домой? Да! Чорта съ два! Почемъ
Мнѣ знать дорогу!—«Ахъ онъ, странный!
Вотъ кочерга, садись верхомъ
И убирайся, окаянный».

Чтобъ я... я сѣлъ на кочергу,
Гусаръ присяжный? Ахъ ты, дура!
Или предался я врагу!
Иль у тебя двойная шкура?

Коня!—«На, дурень, вотъ и конь».—
И точно: конь передо мною—
Скребетъ копытомъ, весь огонь,
Дугою шея, хвостъ трубою.

«Садись».—Вотъ сѣлъ я на коня,
Ищу уздечки—нѣтъ уздечки.
Какъ взвился, какъ понесъ меня—
И очутились мы у печки.

Гляжу : все такъ же ; самъ же я
Сижу верхомъ, и подо мною
Не конь, а старая скамья...
Вотъ что случается порою!»

И сталъ крутить свой длинный усъ,
Прибавя : «Молвить безъ обиды,
Ты, хлопецъ, можетъ быть, не трусъ,
Да глупъ, а мы видали виды».

13.   Бѣсы

Мчатся тучи, вьются тучи ;
Невидимкою луна
Освѣщаетъ снѣгъ летучій ;
Мутно небо, ночь мутна.
Ѣду, ѣду въ чистомъ полѣ ;
Колокольчикъ динъ-динъ-динъ...
Страшно, страшно поневолѣ
Средь невѣдомыхъ равнинъ!
— Эй, пошелъ, ямщикъ!...—«Нѣтъ мочи :
Конямъ, баринъ, тяжело ;
Вьюга мнѣ слипаетъ очи ;
Всѣ дороги занесло ;
Хоть убей, слѣда не видно ;
Сбились мы. Что дѣлать намъ?
Въ полѣ бѣсъ насъ водитъ, видно,
Да кружитъ по сторонамъ.

Посмотри : вонъ, вонъ играетъ,
Дуетъ, плюетъ на меня ;
Вонъ—теперь въ оврагъ толкаетъ
Одичалаго коня ;

Тамъ верстою небывалой
Онъ торчалъ передо мной;
Тамъ сверкнулъ онъ искрой малой
И пропалъ во тьмѣ пустой».

Мчатся тучи, вьются тучи;
Невидимкою луна
Освѣщаетъ снѣгъ летучій;
Мутно небо, ночь мутна.
Силъ намъ нѣтъ кружиться долѣ;
Колокольчикъ вдругъ умолкъ;
Кони стали . . .—Что тамъ въ полѣ?—
«Кто ихъ знаетъ: пень, иль волкъ?»

Вьюга злится, вьюга плачетъ;
Кони чуткіе храпятъ;
Вонъ ужъ онъ далече скачетъ,
Лишь глаза во мглѣ горятъ!
Кони снова понеслися;
Колокольчикъ динъ-динъ-динъ . . .
Вижу: духи собралися
Средь бѣлѣющихъ равнинъ.

Безконечны, безобразны,
Въ мутной мѣсяца игрѣ
Закружились бѣсы разны,
Будто листья въ ноябрѣ . . .
Сколько ихъ! куда ихъ гонятъ?
Что такъ жалобно поютъ?
Домового ли хоронятъ,
Вѣдьму ль замужъ выдаютъ?

Мчатся тучи, вьются тучи;
Невидимкою луна
Освѣщаетъ снѣгъ летучій;
Мутно небо, ночь мутна.

Мчатся бѣсы рой за роемъ
Въ безпредѣльной вышинѣ,
Визгомъ жалобнымъ и воемъ
Надрывая сердце мнѣ...

14. ВОСПОМИНАНІЕ

Когда для смертнаго умолкнетъ шумный день
   И на нѣмыя стогны града
Полупрозрачная наляжетъ ночи тѣнь
   И сонъ, дневныхъ трудовъ награда,
Въ то время для меня влачатся въ тишинѣ
   Часы томительнаго бдѣнья:
Въ бездѣйствіи ночномъ живѣй горятъ во мнѣ
   Змѣи сердечной угрызенья;
Мечты кипятъ; въ умѣ, подавленномъ тоской
   Тѣснится тяжкихъ думъ избытокъ;
Воспоминаніе безмолвно предо мной
   Свой длинный развиваетъ свитокъ:
И съ отвращеніемъ читая жизнь мою,
   Я трепещу и проклинаю,
И горько жалуюсь, и горько слезы лью,
   Но строкъ печальныхъ не смываю.

15. ЭЛЕГІЯ

Безумныхъ лѣтъ угасшее веселье
Мнѣ тяжело, какъ смутное похмелье.
Но какъ вино—печаль минувшихъ дней
Въ моей душѣ чѣмъ старѣ, тѣмъ сильнѣй.
Мой путь унылъ. Сулитъ мнѣ трудъ и горе
Грядущаго волнуемое море.

Но не хочу, о други, умирать!
Я жить хочу, чтобъ мыслить и страдать;
И вѣдаю, мнѣ будутъ наслажденья
Межъ горестей, заботъ и треволенья:
Порой опять гармоніей упьюсь,
Надъ вымысломъ слезами обольюсь,
И, можетъ-быть, на мой закатъ печальный
Блеснетъ любовь улыбкою прощальной.

16.

КРАСАВИЦА

Въ альбомъ Г * * *

Все въ ней гармонія, все диво,
Все выше міра и страстей;
Она покоится стыдливо
Въ красѣ торжественной своей;
Она кругомъ себя взираетъ:
Ей нѣтъ соперницъ, нѣтъ подругъ;
Красавицъ нашихъ блѣдный кругъ
Въ ея сіяньѣ исчезаетъ.

Куда бы ты ни поспѣшалъ,
Хоть на любовное свиданье,
Какое бъ въ сердцѣ ни питалъ
Ты сокровенное мечтанье,
Но, встрѣтясь съ ней, смущенный, ты
Вдругъ остановишься невольно,
Благоговѣя богомольно
Передъ святыней красоты.

17.

Я васъ любилъ; любовь еще, быть-можетъ,
Въ душѣ моей угасла не совсѣмъ;
Но пусть она васъ больше не тревожитъ;
Я не хочу печалить васъ ничѣмъ.
Я васъ любилъ безмолвно, безнадежно,
То робостью, то ревностью томимъ;
Я васъ любилъ такъ искренно, такъ нѣжно,
Какъ дай вамъ Богъ любимой быть другимъ.

18.

Къ А. П. Кернъ

Я помню чудное мгновенье:
Передо мной явилась ты,
Какъ мимолетное видѣнье,
Какъ геній чистой красоты.

Въ томленьяхъ грусти безнадежной,
Въ тревогахъ шумной суеты,
Звучалъ мнѣ долго голосъ нѣжный,
И снились милыя черты.

Шли годы. Бурь порывъ мятежный
Разсѣялъ прежнія мечты,
И я забылъ твой голосъ нѣжный,
Твои небесныя черты.

Въ глуши, во мракѣ заточенья,
Тянулись тихо дни мои
Безъ божества, безъ вдохновенья,
Безъ слезъ, безъ жизни, безъ любви.

Душѣ настало пробужденье:
И вотъ опять явилась ты,
Какъ мимолетное видѣнье,
Какъ геній чистой красоты.

И сердце бьется въ упоеньѣ
И для него воскресли вновь
И божество, и вдохновенье,
И жизнь, и слезы, и любовь.

19.

ПРЕДЧУВСТВІЕ

Снова тучи надо мною
Собралися въ тишинѣ;
Рокъ завистливый бѣдою
Угрожаетъ снова мнѣ...
Сохраню ль къ судьбѣ презрѣнье?
Понесу ль навстрѣчу ей
Непреклонность и терпѣнье
Гордой юности моей?

Бурной жизнью утомленный,
Равнодушно бури жду:
Можетъ-быть, еще спасенный,
Снова пристань я найду...
Но предчувствуя разлуку,
Неизбѣжный, грозный часъ,
Сжать твою, мой ангелъ, руку
Я спѣшу въ послѣдній разъ.

Ангелъ кроткій, безмятежный,
Тихо молви мнѣ: прости;
Опечалься: взоръ свой нѣжный
Подыми иль опусти;
И твое воспоминанье
Замѣнитъ душѣ моей
Силу, гордость, упованье
И отвагу юныхъ дней.

20.

ЭЛЕГІЯ

Я пережилъ свои желанья,
Я разлюбилъ свои мечты;
Остались мнѣ одни страданья,
Плоды сердечной пустоты.

Подъ бурями судьбы жестокой
Увялъ цвѣтущій мой вѣнецъ!
Живу печальный, одинокій,
И жду: придетъ ли мой конецъ?

Такъ, позднимъ хладомъ пораженный,
Какъ бури слышенъ зимній свистъ,
Одинъ на вѣткѣ обнаженной
Трепещетъ запоздалый листъ.

21.

ТЕЛѢГА ЖИЗНИ

Хоть тяжело подчасъ въ ней бремя,
Телѣга на ходу легка;
Ямщикъ лихой, сѣдое время
Везётъ, не слѣзетъ съ облучка.

Съ утра садимся мы въ телѣгу;
Мы рады голову сломать
И, презирая лѣнь и нѣгу,
Кричимъ: пошелъ!...

Но въ полдень нѣтъ ужъ той отваги—
Порастрясло насъ, намъ страшнѣй
И косогоры, и овраги;
Кричимъ: полегче, дуралей.

Катитъ попрежнему телѣга.
Подъ вечеръ мы привыкли къ ней,
И дремля ѣдемъ до ночлега,
А время гонитъ лошадей.

22.

Поэтъ

Пока не требуетъ поэта
Къ священной жертвѣ Аполлонъ,
Въ заботахъ суетнаго свѣта
Онъ малодушно погруженъ;
Молчитъ его святая лира,
Душа вкушаетъ хладный сонъ,
И межъ дѣтей ничтожныхъ міра,
Быть-можетъ, всѣхъ ничтожнѣй онъ.

Но лишь божественный глаголъ
До слуха чуткаго коснется,
Душа поэта встрепенется,
Какъ пробудившійся орелъ.
Тоскуетъ онъ въ забавахъ міра,
Людской чуждается молвы;
Къ ногамъ народнаго кумира
Не клонитъ гордой головы;
Бѣжитъ онъ, дикій и суровый,
И звуковъ, и смятенья полнъ,
На берега пустынныхъ волнъ
Въ широкошумныя дубровы...

23.

Туча

Послѣдняя туча разсѣянной бури!
Одна ты несешься по ясной лазури,
Одна ты наводишь унылую тѣнь,
Одна ты печалишь ликующій день.

Ты небо недавно кругомъ облегала,
И молнія грозно тебя обвивала,
И ты издавала таинственный громъ,
И алчную землю поила дождемъ.

Довольно, сокройся! Пора миновалась,
Земля освѣжилась, и буря промчалась,
И вѣтеръ, лаская листочки древесъ,
Тебя съ успокоенныхъ гонитъ небесъ.

24.   МОЛИТВА

Отцы-пустынники и жены непорочны,
Чтобъ сердцемъ возлетать во области заочны,
Чтобъ укрѣплять его средь дольнихъ бурь и битвъ,
Сложили множество божественныхъ молитвъ;
Но ни одна изъ нихъ меня не умиляетъ,
Какъ та, которую священникъ повторяетъ
Во дни печальные Великаго поста;
Всѣхъ чаще мнѣ она приходитъ на уста—
И падшаго свѣжитъ невѣдомою силой:
«Владыка дней моихъ! духъ праздности унылой,
Любоначалія, змѣи сокрытой сей,
И празднословія не дай душѣ моей;
Но дай мнѣ зрѣть мои, о Боже, прегрѣшенья,
Да братъ мой отъ меня не приметъ осужденья,
И духъ смиренія, терпѣнія, любви
И цѣломудрія мнѣ въ сердцѣ оживи».

25.   МАДОННА

                       (Сонетъ)

Не множествомъ картинъ старинныхъ мастеровъ
Украсить я всегда желалъ свою обитель,
Чтобъ суевѣрно имъ дивился посѣтитель,
Внимая важному сужденью знатоковъ.

Въ простомъ углу моемъ, средь медленныхъ трудовъ,
Одной картины я желалъ быть вѣчно зритель,
Одной: чтобъ на меня съ холста, какъ съ облаковъ,
Пречистая и нашъ божественный Спаситель—

Она съ величіемъ, Онъ съ разумомъ въ очахъ—
Взирали, кроткіе, во славѣ и въ лучахъ,
Одни, безъ ангеловъ, подъ пальмою Сіона.

Исполнились мои желанія. Творецъ
Тебя мнѣ ниспослалъ, тебя, моя Мадона,
Чистѣйшей прелести чистѣйшій образецъ.

26.

Ненастный день потухъ, ненастной ночи мгла
По небу стелется одеждою свинцовой;
Какъ привидѣніе, за рощею сосновой
    Луна туманная взошла...
Все мрачную тоску на душу мнѣ наводитъ.
Далеко, тамъ, луна въ сіяніи восходитъ;
Тамъ воздухъ напоенъ вечерней теплотой;
Тамъ море движется роскошной пеленой
    Подъ голубыми небесами...
Вотъ время: по горѣ теперь идетъ она
Къ брегамъ, потопленнымъ шумящими волнами:
    Тамъ, подъ завѣтными скалами,
Теперь она сидитъ печальна и одна...
Одна... никто предъ ней не плачетъ, не тоскуетъ;
Никто ея колѣнъ въ забвеньѣ не цѣлуетъ;
Одна... ничьимъ устамъ она не предаетъ
Ни плечъ, ни влажныхъ устъ, ни персей бѣлоснѣжныхъ.

. . . .

Никто ея любви небесной не достоинъ.
Не правда ль: ты одна... ты плачешь... я спокоенъ;

.   .   .   .

Но если.   .   .   .   .

27.　　　　　ТРИ КЛЮЧА

　　Въ степи мірской, печальной и безбрежной,
　　Таинственно пробились три ключа:
　　Ключъ юности—ключъ быстрый и мятежный—
　　Кипитъ, бѣжитъ, сверкая и журча;
　　Кастальскій ключъ волною вдохновенья
　　Въ степи мірской изгнанниковъ поитъ;
　　Послѣдній ключъ—холодный ключъ забвенья:
　　Онъ слаще всѣхъ жаръ сердца утолитъ.

28.　　　　　ОСЕНЬ

　　　　　Изъ «Евгенія Онѣгина»
　　Ужъ небо осенью дышало,
　　Ужъ рѣже солнышко блистало,
　　Короче становился день,
　　Лѣсовъ таинственная сѣнь
　　Съ печальнымъ шумомъ обнажалась,
　　Ложился на поля туманъ,
　　Гусей крикливыхъ караванъ
　　Тянулся къ югу: приближалась
　　Довольно скучная пора—
　　Стоялъ ноябрь ужъ у двора.

　　　Встаетъ заря во мглѣ холодной;
　　На нивахъ шумъ работъ умолкъ;
　　Съ своей волчихою голодной
　　Выходитъ на дорогу волкъ.

Его почуя, конь дорожный
Храпитъ,—и путникъ осторожный
Несется въ гору во весь духъ;
На утренней зарѣ пастухъ
Не гонитъ ужъ коровъ изъ хлѣва,
И въ часъ полуденный въ кружокъ
Ихъ не зоветъ его рожокъ;
Въ избушкѣ, распѣвая, дѣва
Прядетъ—и, зимнихъ другъ ночей,
Трещитъ лучинка передъ ней!

29.

Зимнее Утро

Морозъ и солнце—день чудесный!
Еще ты дремлешь, другъ прелестный;
Пора, красавица, проснись,
Открой сомкнуты нѣгой взоры,
Навстрѣчу сѣверной Авроры
Звѣздою сѣвера явись!

Вечоръ, ты помнишь, вьюга злилась,
На мутномъ небѣ мгла носилась;
Луна, какъ блѣдное пятно,
Сквозь тучи мрачныя желтѣла,
И ты печальная сидѣла—
А нынче ... погляди въ окно:

Подъ голубыми небесами
Великолѣпными коврами,
Блестя на солнцѣ, снѣгъ лежитъ;
Прозрачный лѣсъ одинъ чернѣетъ;
И ель сквозь иней зеленѣетъ,
И рѣчка подо льдомъ блеститъ.

Вся комната янтарнымъ блескомъ
Озарена. Веселымъ трескомъ
Трещитъ затопленная печь.
Пріятно думать у лежанки.
Но знаешь: не велѣть ли въ санки
Кобылку бурую запречь?

Скользя по утреннему снѣгу,
Другъ милый, предадимся бѣгу
Нетерпѣливаго коня,
И навѣстимъ поля пустыя,
Лѣса, недавно столь густые,
И берегъ, милый для меня.

30.

Зимняя Дорога

Сквозь волнистые туманы
Пробирается луна,
На печальныя поляны
Льетъ печально свѣтъ она.

По дорогѣ зимней, скучной,
Тройка борзая бѣжитъ,
Колокольчикъ однозвучный
Утомительно гремитъ.

Что-то слышится родное
Въ долгихъ пѣсняхъ ямщика:
То разгулье удалое,
То сердечная тоска...

Ни огня, ни черной хаты...
Глушь и снѣгъ... Навстрѣчу мнѣ
Только версты полосаты
Попадаются однѣ.

Скучно, грустно... Завтра, Нина,
Завтра, къ милой возвратясь,
Я забудусь у камина,
Загляжусь, не наглядясь.

Звучно стрѣлка часовая
Мѣрный кругъ свой совершитъ,
И докучныхъ удаляя,
Полночь насъ не разлучитъ.

Грустно, Нина: путь мой скученъ,
Дремля, смолкнулъ мой ямщикъ,
Колокольчикъ однозвученъ,
Отуманенъ лунный ликъ.

ЗИМА

Изъ «Евгенія Онѣгина»

В тотъ годъ осенняя погода
Стояла долго на дворѣ.
Зимы ждала—ждала природа,—
Снѣгъ выпалъ только въ январѣ,
На третье въ ночь. Проснувшись рано,
Въ окно увидѣла Татьяна
По-утру побѣлѣвшій дворъ,
Куртины, кровли и заборъ,
На стеклахъ легкіе узоры,
Деревья въ зимнемъ серебрѣ,
Сорокъ веселыхъ на дворѣ
И мягко устланныя горы
Зимы блистательнымъ ковромъ.
Все ярко, все бѣло кругомъ.

Зима... Крестьянинъ, торжествуя,
На дровняхъ обновляетъ путь;

31.

Его лошадка, снѣгъ почуя,
Плетется рысью, какъ-нибудь;
Бразды пушистыя взрывая
Летитъ кибитка удалая;
Ямщикъ сидитъ на облучкѣ
Въ тулупѣ, въ красномъ кушакѣ.
Вотъ бѣгаетъ дворовый мальчикъ,
Въ салазки жучку посадивъ,
Себя въ коня преобразивъ;
Шалунъ ужъ заморозилъ пальчикъ,
Ему и больно, и смѣшно,
А мать грозитъ ему въ окно...

32.

Стрекотунья бѣлобока,
Подъ калиткою моей
Скачетъ пестрая сорока
И пророчитъ мнѣ гостей.
Колокольчикъ небывалый
У меня звенитъ въ ушахъ...
Лучъ зари сіяетъ алый...
Серебрится снѣжный прахъ...

33.   ## МОНАСТЫРЬ НА КАЗБЕКѢ

Высоко надъ семьею горъ,
Казбекъ, твой царственный шатеръ
Сіяетъ вѣчными лучами.
Твой монастырь за облаками,
Какъ въ небѣ рѣющій ковчегъ,
Паритъ, чуть видный надъ горами.

Далекій вожделѣнный брегъ!
Туда бъ, сказавъ прости ущелью,
Подняться къ вольной вышинѣ;
Туда бъ, въ заоблачную келью,
Въ сосѣдство Бога скрыться мнѣ!

34.   ПИРЪ ПЕТРА ВЕЛИКАГО

Надъ Невою рѣзво вьются
Флаги пестрые судовъ;
Звучно съ лодокъ раздаются
Пѣсни дружныя гребцовъ;
Въ царскомъ домѣ пиръ веселый;
Рѣчь гостей хмельна, шумна;
И Нева пальбой тяжелой
Далеко потрясена.

Что пируетъ царь великій
Въ Питербургѣ-городкѣ?
Отчего пальба и клики,
И эскадра на рѣкѣ?
Озаренъ ли честью новой
Русскій штыкъ иль русскій флагъ?
Побѣжденъ ли шведъ суровый?
Мира ль проситъ грозный врагъ?

Иль въ отятый край у шведа
Прибылъ Брантовъ утлый ботъ,
И пошелъ навстрѣчу дѣда
Всей семьей нашъ юный флотъ,
И воинственные внуки
Стали въ строй предъ старикомъ,
И раздался въ честь науки
Пѣсенъ хоръ и пушекъ громъ?

Годовщину ли Полтавы
Торжествуетъ государь—
День, какъ жизнь своей державы
Спасъ отъ Карла русскій царь?
Родила ль Екатерина?
Именинница ль она,
Чудотворца-исполина
Чернобровая жена?

Нѣтъ, онъ съ подданнымъ мирится;
Виноватому вину
Отпуская, веселится,
Кружку пѣнитъ съ нимъ одну;
И въ чело его цѣлуетъ,
Свѣтелъ сердцемъ и лицомъ.
И прощенье торжествуетъ,
Какъ побѣду надъ врагомъ.

Оттого-то шумъ и клики
Въ Питербургѣ-городкѣ,
И пальба, и громъ музыки,
И эскадра на рѣкѣ;
Оттого-то въ часъ веселой
Чаша царская полна,
И Нева пальбой тяжелой
Далеко потрясена.

35.   Клеветникамъ Россіи

> *Vox et praeterea nihil.*

О чемъ шумите вы, народные витіи?
Зачѣмъ анаѳемой грозите вы Россіи?
Что возмутило васъ? Волненія Литвы?
Оставьте: это—споръ славянъ между собою,

Домашній, старый споръ, ужъ взвѣшенный судь-
        бою,—
Вопросъ, котораго не разрѣшите вы.
    Уже давно между собою
    Враждуютъ эти племена;
    Не разъ клонилась подъ грозою
    То ихъ, то наша сторона.
    Кто устоитъ въ неравномъ спорѣ:
    Кичливый ляхъ иль вѣрный россъ?
Славянскіе ль ручьи сольются въ русскомъ морѣ?
Оно ль изсякнетъ?—Вотъ вопросъ.
    Оставьте насъ: вы не читали
    Сіи кровавыя скрижали;
    Вамъ непонятна, вамъ чужда
    Сія семейная вражда;
    Для васъ безмолвны Кремль и Прага;
    Безсмысленно прельщаетъ васъ
    Борьбы отчаянной отвага—
    И ненавидите вы насъ...
    За что жъ? Отвѣтствуйте: за то ли,
Что на развалинахъ пылающей Москвы
    Мы не признали наглой воли
    Того, подъ кѣмъ дрожали вы?
    За то ль, что въ бездну повалили
Мы тяготѣющій надъ царствами кумиръ,
    И нашей кровью искупили
    Европы вольность, честь и миръ?
    Вы грозны на словахъ—попробуйте на дѣлѣ!
Иль старый богатырь, покойный на постелѣ,
Не въ силахъ завинтить свой измаильскій штыкъ?
Иль русскаго царя уже безсильно слово?

Иль намъ съ Европой спорить ново?
Иль русскій отъ побѣдъ отвыкъ?
Иль мало насъ? Или отъ Перми до Тавриды,
Отъ финскихъ хладныхъ скалъ до пламенной Колхиды,
Отъ потрясеннаго Кремля
До стѣнъ недвижнаго Китая,
Стальной щетиною сверкая,
Не встанетъ русская земля?
Такъ высылайте жъ намъ, витіи,
Своихъ озлобленныхъ сыновъ:
Есть мѣсто имъ въ поляхъ Россіи
Среди не чуждыхъ имъ гробовъ.

36.　　　Русланъ и Людмила
ПРОЛОГЪ

У лукоморья дубъ зеленый,
Златая цѣпь на дубѣ томъ:
И днемъ и ночью котъ ученый
Все ходитъ по цѣпи кругомъ;
Идетъ направо—пѣснь заводитъ.
Налѣво—сказку говоритъ.

Тамъ чудеса: тамъ лѣшій бродитъ,
Русалка на вѣтвяхъ сидитъ;
Тамъ на невѣдомыхъ дорожкахъ
Слѣды невиданныхъ звѣрей;
Избушка тамъ на курьихъ ножкахъ
Стоитъ безъ оконъ, безъ дверей;
Тамъ лѣсъ и долъ видѣній полны
Тамъ о зарѣ прихлынутъ волны
На брегъ песчаный и пустой,

И тридцать витязей прекрасныхъ
Чредой изъ водъ выходятъ ясныхъ,
И съ ними дядька ихъ морской;
Тамъ королевичъ мимоходомъ
Плѣняетъ грознаго царя;
Тамъ въ облакахъ, передъ народомъ,
Черезъ лѣса, черезъ моря
Колдунъ несетъ богатыря;
Въ темницѣ тамъ царевна тужитъ,
А бурый волкъ ей вѣрно служитъ;
Тамъ ступа съ Бабою-Ягой
Идетъ-бредетъ сама собой;
Тамъ царь Кощей надъ златомъ чахнетъ;
Тамъ русскій духъ... тамъ Русью пахнетъ!
И тамъ я былъ, и медъ я пилъ,
У моря видѣлъ дубъ зеленый,
Подъ нимъ сидѣлъ, и котъ ученый
Свои мнѣ сказки говорилъ.
Одну я помню—сказку эту
Повѣдаю теперь я свѣту...

37.   ПАМЯТНИКЪ

Exegi monumentum

Я памятникъ себѣ воздвигъ нерукотворный:
Къ нему не заростетъ народная тропа;
Вознесся выше онъ главою непокорной
Александрійскаго столпа.

Нѣтъ! весь я не умру: душа въ завѣтной лирѣ
Мой прахъ переживетъ и тлѣнья убѣжитъ—
И славенъ буду я, доколь въ подлунномъ мірѣ
Живъ будетъ хоть одинъ піитъ.

44

Слухъ обо мнѣ пройдетъ по всей Руси великой,
И назоветъ меня всякъ сущій въ ней языкъ:
И гордый внукъ славянъ, и финнъ, и нынѣ дикой
Тунгусъ, и другъ степей Калмыкъ.

И долго буду тѣмъ любезенъ я народу,
Что чувства добрыя я лирой пробуждалъ,
Что въ мой жестокій вѣкъ возславилъ я свободу
И милость къ падшимъ призывалъ.

Велѣнью Божію, о Муза, будь послушна!
Обиды не страшась, не требуя вѣнца,
Хвалу и клевету пріемли равнодушно
И не оспаривай глупца.

38.   Письмо Татьяны къ Онѣгину

«Я вамъ пишу—чего же болѣ?
Что я могу еще сказать?
Теперь, я знаю, въ вашей волѣ
Меня презрѣньемъ наказать.
Но вы, къ моей несчастной долѣ
Хоть каплю жалости храня,
Вы не оставите меня.
Сначала я молчать хотѣла;
Повѣрьте: моего стыда
Вы не узнали бъ никогда,
Когда бъ надежду я имѣла,
Хоть рѣдко, хоть въ недѣлю разъ,
Въ деревнѣ нашей видѣть васъ,
Чтобъ только слышать ваши рѣчи,
Вамъ слово молвить, и потомъ
Все думать, думать объ одномъ

И день и ночь, до новой встрѣчи.
Но, говорятъ, вы—нелюдимъ;
Въ глуши, въ деревнѣ, все вамъ скучно;
А мы ... ничѣмъ мы не блестимъ,
Хоть вамъ и рады простодушно.

«Зачѣмъ вы посѣтили насъ?
Въ глуши забытаго селенья
Я никогда не знала бъ васъ,
Не знала бъ горькаго мученья.
Души неопытной волненья
Смиривъ, современемъ (какъ знать?),
По сердцу я нашла бы друга,
Была бы вѣрная супруга
И добродѣтельвая мать.

«Другой!... Нѣтъ, никому на свѣтѣ
Не отдала бы сердца я!
То въ высшемъ суждено совѣтѣ...
То воля неба: я твоя;
Вся жизнь моя была залогомъ
Свиданья вѣрнаго съ тобой:
Я знаю, ты мнѣ посланъ Богомъ,
До гроба ты—хранитель мой...
Ты въ сновидѣньяхъ мнѣ являлся:
Незримый, ты мнѣ былъ ужъ милъ,
Твой чудный взглядъ меня томилъ,
Въ душѣ твой голосъ раздавался
Давно ... нѣтъ, это былъ не сонъ!
Ты чуть вошелъ, я вмигъ узнала,
Вся обомлѣла, запылала

И въ мысляхъ молвила: вотъ онъ!
Не правда ль? я тебя слыхала:
Ты говорилъ со мной въ тиши,
Когда я бѣднымъ помогала,
Или молитвой услаждала
Тоску волнуемой души?
И въ это самое мгновенье
Не ты ли, милое видѣнье,
Въ прозрачной темнотѣ мелькнулъ,
Приникнулъ тихо къ изголовью?
Не ты ль съ отрадой и любовью
Слова надежды мнѣ шепнулъ?
Кто ты: мой ангелъ ли хранитель,
Или коварный искуситель?
Мои сомнѣнья разрѣши.
Быть-можетъ, это все пустое,
Обманъ неопытной души,
И суждено совсѣмъ иное...
Но такъ и быть! судьбу мою
Отнынѣ я тебѣ вручаю,
Передъ тобою слезы лью,
Твоей защиты умоляю...
Вообрази: я здѣсь одна,
Никто меня не понимаетъ,
Разсудокъ мой изнемогаетъ,
И молча гибнуть я должна.
Я жду тебя: единымъ взоромъ
Надежды сердца оживи,
Иль сонъ тяжелый перерви,
Увы, заслуженнымъ укоромъ!

«Кончаю! страшно перечесть...
Стыдомъ и страхомъ замираю...
Но мнѣ порукой ваша честь,
И смѣло ей себя ввѣряю...»

39.

Полтавскій Бой

Изъ «Полтавы»

Горитъ востокъ зарею новой;
Ужъ на равнинѣ, по холмамъ
Грохочутъ пушки. Дымъ багровый
Кругами всходитъ къ небесамъ
Навстрѣчу утреннимъ лучамъ.
Полки ряды свои сомкнули,
Въ кустахъ разсыпались стрѣлки.
Катятся ядра, свищутъ пули,
Нависли хладные штыки.
Сыны любимые побѣды,
Сквозь огнь окоповъ рвутся шведы;
Волнуясь, конница летитъ;
Пѣхота движется за нею
И тяжкой твердостью своею
Ея стремленія крѣпитъ.
И битвы поле роковое
Гремитъ, пылаетъ здѣсь и тамъ:
Но явно счастье боевое
Служить ужъ начинаетъ намъ.
Пальбой отбитыя дружины,
Мѣшаясь, падаютъ во прахъ.
Уходитъ Розенъ сквозь тѣснины:
Сдается пылкій Шлиппенбахъ;
Тѣснимъ мы шведовъ рать за ратью,

Темнѣетъ слава ихъ знаменъ,
И Бога браней благодатью
Нашъ каждый шагъ запечатлѣнъ.

Тогда-то, свыше вдохновенный,
Раздался звучный гласъ Петра:
«За дѣло, съ Богомъ!» Изъ шатра,
Толпой любимцевъ окруженный,
Выходитъ Петръ. Его глаза
Сіяютъ. Ликъ его ужасенъ.
Движенья быстры. Онъ прекрасенъ,
Онъ весь, какъ Божія гроза.
Идетъ. Ему коня подводятъ.
Ретивъ и смиренъ вѣрный конь:
Почуя роковой огонь,
Дрожитъ, глазами косо водитъ,
И мчится въ прахѣ боевомъ,
Гордясь могучимъ сѣдокомъ.

Ужъ близокъ полдень. Жаръ пылаетъ.
Какъ пахарь, битва отдыхаетъ.
Кой-гдѣ гарцуютъ казаки;
Равняясь, строятся полки;
Молчитъ музыка боевая.
На холмахъ пушки, присмирѣвъ,
Прервали свой голодный ревъ;
И се—равнину оглашая,
Далече грянуло *ура*:
Полки увидѣли Петра.

И онъ промчался предъ полками,
Могущъ и радостенъ, какъ бой.
Онъ поле пожиралъ очами.
За нимъ вослѣдъ неслись толпой

Сіи птенцы гнѣзда Петрова—
Въ премѣнахъ жребія земного,
Въ трудахъ державства и войны
Его товарищи, сыны:
И Шереметевъ благородный,
И Брюсъ, и Боуръ, и Рѣпнинъ,
И счастья баловень безродный,
Полудержавный властелинъ.

И передъ синими рядами
Своихъ воинственныхъ дружинъ,
Несомый вѣрными слугами,
Въ качалкѣ, блѣденъ, недвижимъ,
Страдая раной, Карлъ явился.
Вожди героя шли за нимъ.
Онъ въ думу тихо погрузился.
Смущенный взоръ изобразилъ
Необычайное волненье:
Казалось, Карла приводилъ
Желанный бой въ недоумѣнье...
Вдругъ слабымъ маніемъ руки
На русскихъ двинулъ онъ полки.

И съ ними царскія дружины
Сошлись въ дыму среди равнины—
И грянулъ бой, Полтавскій бой!
Въ огнѣ, подъ градомъ раскаленнымъ,
Стѣной живою отраженнымъ,
Надъ падшимъ строемъ свѣжій строй
Штыки смыкаетъ. Тяжкой тучей
Отряды конницы летучей,
Браздами, саблями звуча,
Сшибаясь, рубятся съ плеча.

Бросая груды тѣлъ на груду,
Шары чугунные повсюду
Межъ ними прыгаютъ, разятъ,
Прахъ роютъ и въ крови шипятъ.
Шведъ, русскій—колетъ, рубитъ, рѣжетъ...
Бой барабанный, клики, скрежетъ,
Громъ пушекъ, топотъ, ржанье, стонъ,
И смерть, и адъ со всѣхъ сторонъ.

Среди тревоги и волненья,
На битву взоромъ вдохновенья
Вожди спокойные глядятъ,
Движенья ратныя слѣдятъ,
Предвидятъ гибель и побѣду
И въ тишинѣ ведутъ бесѣду.
Но близъ московскаго царя
Кто воинъ сей подъ сѣдинами?
Двумя поддержанъ казаками,
Сердечной ревностью горя,
Онъ окомъ опытнымъ героя
Взираетъ на волненье боя.
Ужъ на коня не вскочить онъ:
Одряхъ, въ изгнаньѣ сиротѣя,
И казаки на кличъ Палѣя
Не налетятъ со всѣхъ сторонъ!
Но что жъ его сверкнули очи
И гнѣвомъ, будто мглою ночи,
Покрылось старое чело?
Что возмутить его могло?
Иль онъ сквозь бранный дымъ увидѣлъ
Врага Мазепу, и въ сей мигъ
Свои лѣта возненавидѣлъ
Обезоруженный старикъ?

Мазепа, въ думу погруженный,
Взиралъ на битву, окруженный
Толпой мятежныхъ казаковъ,
Родныхъ, старшинъ и сердюковъ.
Вдругъ выстрѣлъ.   Старецъ обратился.
У Войнаровскаго въ рукахъ
Мушкетный стволъ еще дымился.
Сраженный въ нѣсколькихъ шагахъ,
Младой казакъ въ крови валялся,
А конь, весь въ пѣнѣ и пыли,
Почуя волю, дико мчался,
Скрываясь въ огненной дали.
Казакъ на гетмана стремился
Сквозь битву, съ саблею въ рукахъ,
Въ безумной яростью въ очахъ.
Старикъ, подъѣхавъ, обратился
Къ нему съ вопросомъ.   Но казакъ
Ужъ умиралъ.   Потухшій зракъ
Еще грозилъ врагу Россіи;
Былъ мраченъ помертвѣлый ликъ,
И имя нѣжное Маріи
Чуть лепеталъ еще языкъ.
Но близокъ, близокъ мигъ побѣды...
Ура! мы ломимъ; гнутся шведы;
О славный часъ! о славный видъ!
Еще напоръ—и врагъ бѣжитъ;
И слѣдомъ конница пустилась,
Убійствомъ тупятся мечи,
И падшими вся степь покрылась,
Какъ роемъ черной саранчи.

Пируетъ Петръ. И гордъ, и ясенъ,
И славы полонъ взоръ его.
И царскій пиръ его прекрасенъ:
При кликахъ войска своего,
Въ шатрѣ своемъ онъ угощаетъ
Своихъ вождей, вождей чужихъ,
И славныхъ плѣнниковъ ласкаетъ,
И за учителей своихъ
Заздравный кубокъ поднимаетъ.

40. Разговоръ Книгопродавца съ Поэтомъ

книгопродавецъ

Стишки для васъ одна забава:
Немножко стоитъ вамъ присѣсть,—
Ужъ разгласить успѣла слава
Вездѣ пріятнѣйшую вѣсть:
Поэма, говорятъ, готова,
Плодъ новыхъ умственныхъ затѣй.
Итакъ—рѣшите, жду я слова:
Назначьте сами цѣну ей.
Стишки любимца музъ и грацій
Мы вмигъ рублями замѣнимъ,
И въ пукъ наличныхъ ассигнацій
Листочки ваши обратимъ.
О чемъ вздохнули такъ глубоко,
Нельзя ль узнать?

поэтъ

Я былъ далеко:
Я время то воспоминалъ,
Когда, надеждами богатый,
Поэтъ безпечный, я писалъ

Изъ вдохновенья, не изъ платы.
И видѣлъ вновь прiюты скалъ,
И темный кровъ уединенья,
Гдѣ я на пиръ воображенья,
Бывало, музу призывалъ.
Тамъ слаще голосъ мой звучалъ;
Тамъ долѣ яркiя видѣнья,
Съ неизъяснимою красой,
Вились, летали надо мной
Въ часы ночного вдохновенья.
Все волновало нѣжный умъ:
Цвѣтущiй лугъ, луны блистанье,
Въ часовнѣ ветхой бури шумъ,
Старушки чудное преданье.
Какой-то демонъ обладалъ
Моими играми, досугомъ;
За мной повсюду онъ леталъ,
Мнѣ звуки дивные шепталъ,
И тяжкимъ, пламеннымъ недугомъ
Была полна моя глава;
Въ ней грезы чудныя рождались;
Въ размѣры стройные стекались
Мои послушныя слова
И звонкой риѳмой замыкались.
Въ гармонiи соперникъ мой
Былъ шумъ лѣсовъ, илъ вихорь буйный,
Иль иволги напѣвъ живой,
Иль ночью моря гулъ глухой,
Иль шопотъ рѣчки тихоструйной.
Тогда, въ безмолвiи трудовъ,
Дѣлиться не былъ я готовъ

АЛЕКСАНДРЪ СЕРГѢЕВИЧЪ ПУШКИНЪ

Съ толпою пламеннымъ восторгомъ,
И музы сладостныхъ даровъ
Не унижалъ постыднымъ торгомъ;
Я былъ хранитель ихъ скупой:
Такъ точно, въ гордости нѣмой,
Отъ взоровъ черни лицемѣрной
Дары любовницы младой
Хранитъ любовникъ суевѣрный.

книгопродавецъ

Но слава замѣнила вамъ
Мечтанья тайнаго отрады;
Вы разошлися по рукамъ,
Межъ тѣмъ, какъ пыльныя громады
Лежалой прозы и стиховъ
Напрасно ждутъ себѣ чтецовъ
И вѣтреной ея награды.

поэтъ

Блаженъ, кто про себя таилъ
Души высокія созданья
И отъ людей, какъ отъ могилъ,
Не ждалъ за чувство воздаянья!
Блаженъ, кто молча былъ поэтъ
И, терномъ славы не увитый,
Презрѣнной чернію забытый,
Безъ имени покинулъ свѣтъ!
Обманчивѣй и сновъ надежды,
Что слава? Шопотъ ли чтеца?
Гоненье ль низкаго невѣжды?
Иль восхищеніе глупца?

книгопродавецъ

Лордъ Байронъ былъ того же мнѣнья;
Жуковскій то же говорилъ:
Но свѣтъ узналъ и раскупилъ
Ихъ сладкозвучныя творенья.
И впрямь, завиденъ вашъ удѣлъ:
Поэтъ казнитъ, поэтъ вѣнчаетъ;
Злодѣевъ громомъ вѣчныхъ стрѣлъ
Въ потомствѣ дальнемъ поражаетъ;
Героевъ утѣшаетъ онъ;
Съ Коринной на киѳерскій тронъ
Свою любовницу возноситъ.
Хвала для васъ докучный звонъ;
Но сердце женщинъ славы проситъ:
Для нихъ пишите; ихъ ушамъ
Пріятна лесть Анакреона:
Въ младыя лѣта розы намъ
Дороже лавровъ Геликона.

поэтъ

Самолюбивыя мечты,
Утѣхи юности безумной!
И я, средь бури жизни шумной,
Искалъ вниманья красоты.
Мои слова, мои напѣвы,
Коварной силой иногда
Смирять умѣли въ сердцѣ дѣвы
Волненье страха и стыда;
Глаза прелестные читали
Меня съ улыбкою любви;
Уста волшебныя шептали
Мнѣ звуки сладкіе мои!

Но полно! въ жертву имъ свободы
Мечтатель ужъ не принесетъ;
Пускай ихъ юноша поетъ,
Любезный баловень природы.
Что мнѣ до нихъ? Теперь въ глуши
Безмолвно жизнь моя несется;
Стонъ лиры вѣрной не коснется
Ихъ легкой, вѣтреной души;
Нечисто въ нихъ воображенье,
Не понимаетъ насъ оно,
И, признакъ Бога, вдохновенье
Для нихъ и чуждо, и смѣшно.
Когда на память мнѣ невольно
Придетъ внушенный ими стихъ,
Я содрогаюсь, сердцу больно,
Мнѣ стыдно идоловъ моихъ.
Къ чему, несчастный, я стремился?
Предъ кѣмъ унизилъ гордый умъ?
Кого восторгомъ чистыхъ думъ
Боготворить не устыдился?
Ахъ, лира, лира! что же ты
Мое безумство разгласила?
Ахъ, если бъ Лета поглотила
Мои летучія мечты!

КНИГОПРОДАВЕЦЪ

Люблю вашъ гнѣвъ. Таковъ поэтъ.
Причины вашихъ огорченій
Мнѣ знать нельзя; но исключеній
Для милыхъ дамъ ужели нѣтъ?
Ужели ни одна не стоитъ

Ни вдохновенья, ни страстей,
И вашихъ пѣсенъ не присвоитъ
Всесильной красотѣ своей?
Молчите вы?

поэтъ

Зачѣмъ поэту

Тревожить сердца тяжкій сонъ?
Безплодно память мучитъ онъ.
И что жъ, какое дѣло свѣту?
Я всѣмъ чужой. Душа моя
Хранитъ ли образъ незабвенный?
Любви блаженство зналъ ли я?
Тоскою ль долгой изнуренный,
Таилъ я слезы въ тишинѣ?
Гдѣ та была, которой очи,
Какъ небо, улыбались мнѣ?
Вся жизнь, одна ли, двѣ ли ночи?

.   .   .   .   .   .

И что жъ? Докучный стонъ любви,
Слова покажутся мои
Безумца дикимъ лепетаньемъ.
Тамъ сердце ихъ пойметъ одно,
И то съ печальнымъ содроганьемъ.
Судьбою такъ ужъ рѣшено.
Съ кѣмъ подѣлюсь я вдохновеньемъ?
Одна была—предъ ней одной
Дышалъ я чистымъ упоеньемъ
Любви поэзіи святой.
Тамъ, тамъ, гдѣ тѣнь, гдѣ листъ чудесный,
Гдѣ льются вѣчныя струи,
Я находилъ огонь небесный,

Сгорая жаждою любви.
Ахъ, мысль о *той* души завялой
Могла бы юность оживить,
И сны поэзіи бывалой
Толпою снова возмутить!
Она одна бы разумѣла
Стихи неясные мои;
Одна бы въ сердцѣ пламенѣла
Лампадой чистою любви.
Увы, напрасныя желанья!
Она отвергла заклинанья,
Мольбы, тоску души моей:
Земныхъ восторговъ изліянья,
Какъ божеству, не нужно ей.

КНИГОПРОДАВЕЦЪ

Итакъ, любовью утомленный,
Наскуча лепетомъ молвы,
Заранѣ отказались вы
Отъ вашей лиры вдохновенной.
Теперь, оставя шумный свѣтъ,
И музъ, и вѣтреную моду,
Что жъ изберете вы?

ПОЭТЪ

Свободу.

КНИГОПРОДАВЕЦЪ

Прекрасно. Вотъ же вамъ совѣтъ;
Внемлите истинѣ полезной:
Нашъ вѣкъ—торгашъ; въ сей вѣкъ желѣзный
Безъ денегъ и свободы нѣтъ.

Что слава? Яркая заплата
На ветхомъ рубищѣ пѣвца.
Намъ нужно злата, злата, злата;
Копите злато до конца!
Предвижу ваше возраженье;
Но васъ я знаю, господа:
Вамъ ваше дорого творенье,
Пока на пламени труда
Кипитъ, бурлитъ воображенье:
Оно застынетъ, и тогда
Постыло вамъ и сочиненье.
Позвольте просто вамъ сказать:
Не продается вдохновенье,
Но можно рукопись продать.
Что жъ медлить? Ужъ ко мнѣ заходятъ
Нетерпѣливые чтецы;
Вкругъ лавки журналисты бродятъ,
За ними тощіе пѣвцы:
Кто проситъ пищи для сатиры,
Кто для души, кто для пера,
И, признаюсь, отъ вашей лиры
Предвижу много я добра.

поэтъ

Вы совершенно правы. Вотъ вамъ моя рукопись.
Условимся.

41. ИЗЪ «БОРИСА ГОДУНОВА»

ЦАРЬ

Подите всѣ—оставьте одного
Царевича со мною. (*Всѣ удаляются.*) Умираю...;
Обнимемся. Прощай, мой сынъ: сейчасъ
Ты царствовать начнешь... о Боже! Боже!
Сейчасъ явлюсь передъ Тобой—и душу
Мнѣ некогда очистить покаяньемъ!
Но чувствую—мой сынъ, ты мнѣ дороже
Душевнаго спасенья... такъ и быть!
Я подданнымъ рожденъ, и умереть
Мнѣ подданнымъ во мракѣ бъ надлежало,
Но я достигъ верховной власти—чѣмъ?
Не спрашивай. Довольно: ты невиненъ,
Ты царствовать теперь по праву станешь;
А я за все одинъ отвѣчу Богу.
О милый сынъ, не обольщайся ложно,
Не ослѣпляй себя ты добровольно.
Въ дни бурные державу ты пріемлешь:
Опасенъ онъ, сей чудный самозванецъ,
Онъ именемъ ужаснымъ ополченъ.
Я, съ давнихъ лѣтъ въ правленьѣ искушенный,
Могъ удержать смятенье и мятежъ;
Передо мной они дрожали въ страхѣ;
Возвысить гласъ измѣна не дерзала;
Но ты, младой, неопытный властитель,
Какъ управлять ты будешь подъ грозой,
Тушить мятежъ, опутывать измѣну?
Но Богъ великъ! онъ умудряетъ юность,
Онъ слабости даруетъ силу... Слушай:

Совѣтника, во-первыхъ, избери
Надежнаго, холодныхъ зрѣлыхъ лѣтъ,
Любимаго народомъ, а въ бояряхъ
Почтеннаго породой или славой,—
Хоть Шуйскаго. Для войска нынѣ нуженъ
Искусный вождь: Басманова пошли
И съ твердостью снеси боярскій ропотъ.
Ты съ малыхъ лѣтъ сидѣлъ со мною въ думѣ,
Ты знаешь ходъ державнаго правленья;
Не измѣняй теченья дѣлъ. Привычка—
Душа державъ. Я нынѣ долженъ былъ
Возстановить опалы, казни—можешь
Ихъ отмѣнить; тебя благословятъ,
Какъ твоего благословляли дядю,
Когда престолъ онъ Грознаго пріялъ.
Современемъ и понемногу снова
Затягивай державныя бразды;
Теперь ослабь, изъ рукъ не выпуская.
Будь милостивъ, доступенъ къ иноземцамъ,
Довѣрчиво ихъ службу принимай.
Со строгостью храни уставъ церковный;
Будь молчаливъ: не долженъ царскій голосъ
На воздухѣ теряться попустому;
Какъ звонъ святой, онъ долженъ лишь вѣщать
Велику скорбь или великій праздникъ.
О, милый сынъ! ты входишь въ тѣ лѣта,
Когда намъ кровь волнуетъ женскій ликъ.
Храни, храни святую чистоту
Невинности и гордую стыдливость:
Кто чувствами въ порочныхъ наслажденьяхъ
Въ младые дни привыкнулъ утопать,

Тотъ, возмужавъ, угрюмъ и кровожаденъ,
И умъ его безвременно темнѣетъ.
Въ семьѣ своей будь завсегда главой;
Мать почитай, но властвуй самъ собою:
Ты мужъ и царь; люби свою сестру—
Ты ей одинъ хранитель остаешься.

θΕΟΔΟΡЪ (*на колѣняхъ*)

Нѣтъ, нѣтъ—живи и царствуй долговѣчно:
Народъ и мы погибли безъ тебя.

ЦАРЬ

Все кончено—глаза мои темнѣютъ,
Я чувствую могильный хладъ...

(*Входятъ патріархъ, святители; за ними всѣ бояре.*
Царицу ведутъ подъ-руки; царевна рыдаетъ.)

Кто тамъ?

А! схима... такъ! святое постриженье...
Ударилъ часъ! въ монахи царь идетъ—
И темный гробъ моею будетъ кельей.
Повремени, владыка патріархъ,
Я царь еще: внемлите вы, бояре—
Се тотъ, кому приказываю царство;
Цѣлуйте крестъ θеодору... Басмановъ,
Друзья мои... при гробѣ васъ молю
Ему служить усердіемъ и правдой!
Онъ такъ еще и младъ, и непороченъ.
Клянетесь ли?

БОЯРЕ

Клянемся.

ЦАРЬ

Я доволенъ.
Простите жъ мнѣ соблазны и грѣхи
И вольныя, и тайныя обиды...
Святый отецъ, приближься, я готовъ.

(*Начинается обрядъ пострижения. Женщинъ въ
обморокъ выносятъ.*)

42.   ИЗЪ «БОРИСА ГОДУНОВА»

пименъ

(*пишетъ передъ лампадой*)

Еще одно, послѣднее сказанье—
И Лѣтопись окончена моя,
Исполненъ долгъ, завѣщанный отъ Бога
Мнѣ, грѣшному. Недаромъ многихъ лѣтъ
Свидѣтелемъ Господь меня поставилъ
И книжному искусству вразумилъ:
Когда-нибудь монахъ трудолюбивый
Найдетъ мой трудъ усердный, безымянный;
Засвѣтитъ онъ, какъ я, свою лампаду,
И пыль вѣковъ отъ хартій отряхнувъ,
Правдивыя сказанья перепишетъ,—
Да вѣдаютъ потомки православныхъ
Земли родной минувшую судьбу,
Своихъ царей великихъ поминаютъ
За ихъ труды, за славу, за добро—
А за грѣхи, за темныя дѣянья,
Спасителя смиренно умоляютъ...

На старости я сызнова живу;
Минувшее проходитъ предо мною...

Давно ль оно неслось, событій полно,
Волнуяся, какъ море-окіянъ?
Теперь оно безмолвно и спокойно:
Не много лицъ мнѣ память сохранила,
Не много словъ доходитъ до меня,
А прочее погибло невозвратно!...
Но близокъ день, лампада догораетъ—
Еще одно, послѣднее сказанье. (*Пишетъ.*)

43. ИЗЪ «СКУПОГО РЫЦАРЯ»

(Подвалъ)

БАРОНЪ

Какъ молодой повѣса ждетъ свиданья
Съ какой-нибудь развратницей лукавой
Иль дурой, имъ обманутой, такъ я
Весь день минуты ждалъ, когда сойду
Въ подвалъ мой тайный, къ вѣрнымъ сундукамъ.
Счастливый день! могу сегодня я
Въ шестой сундукъ (въ сундукъ еще не полный)
Горсть золота накопленнаго всыпать.
Немного, кажется, но понемногу
Сокровища растутъ. Читалъ я гдѣ-то,
Что царь однажды воинамъ своимъ
Велѣлъ снести земли по горсти въ кучу,—
И гордый холмъ возвысился, и царь
Могъ съ вышины съ весельемъ озирать
И долъ, покрытый бѣлыми шатрами,
И море, гдѣ бѣжали корабли.
Такъ я, по горсти бѣдной принося
Привычну дань мою сюда, въ подвалъ,
Вознесъ мой холмъ—и съ высоты его

Могу взирать на все, что мнѣ подвластно.
Что не подвластно мнѣ?... Какъ нѣкій демонъ,
Отселѣ править міромъ я могу;
Лишь захочу—воздвигнутся чертоги;
Въ великолѣпные мои сады
Сбѣгутся нимфы рѣзвою толпою,
И музы дань свою мнѣ принесутъ,
И вольный геній мнѣ поработится,
И добродѣтель, и безсонный трудъ
Смиренно будутъ ждать моей награды.
Я свистну—и ко мнѣ послушно, робко
Вползетъ окровавленное злодѣйство
И руку будетъ мнѣ лизать, и въ очи
Смотрѣть, въ нихъ знакъ моей читая воли.

. . . .

Кондратій Ѳедоровичъ Рылѣевъ

1795–1826

44.

Свободы гордой вдохновенье!
Тебя не чувствуетъ народъ...
Оно молчитъ, святое мщенье,
И на царя не возстаетъ.

Подъ адскимъ игомъ самовластья,
Покорны вѣчному ярму,
Сердца не чувствуютъ несчастья
И умъ не вѣруетъ ему.

Я видѣлъ рабскую Россію
Передъ святыней алтаря:
Гремя цѣпьми, склонивши выю,
Она молилась за царя.

Иванъ Ивановичъ Козловъ

1779–1840

45. На Погребеніе Англійскаго Генерала Сира Джона Мура

Не билъ барабанъ передъ смутнымъ полкомъ,
    Когда мы вождя хоронили,
И трупъ не съ ружейнымъ прощальнымъ огнемъ
    Мы въ нѣдра земли опустили.

И бѣдная почесть въ ночи отдана:
    Штыками могилу копали...
Намъ тускло свѣтила въ туманѣ луна,
    И факелы дымно сверкали.

На немъ не усопшихъ покровъ гробовой,
    Лежитъ не въ дощатой неволѣ:
Обернутъ въ широкій свой плащъ боевой,
    Уснулъ онъ, какъ ратники, въ полѣ.

Не долго, но жарко молилась Творцу
    Дружина его удалая,
И молча смотрѣла въ лицо мертвецу,
    О завтрашнемъ днѣ помышляя.

Быть можетъ, на утро внезапно явясь,
    Врагъ дерзкій, надменности полный,
Тебя не уважитъ, товарищъ, а насъ
    Умчатъ невозвратныя волны...

О нѣтъ, не коснется въ таинственномъ снѣ
    До храбраго дума печали!
Твой одръ одинокій въ чужой сторонѣ
    Родимыя руки постлали.

Еще не свершенъ былъ обрядъ роковой—
    И часъ наступилъ разлученья,

И съ вала ударилъ перунъ вѣстовой—
    Тебѣ онъ не вѣстникъ сраженья.
Прости же, товарищъ! Здѣсь нѣтъ ничего
    На память могилы кровавой,
И мы оставляемъ тебя одного
    Съ твоею безсмертною славой!

Евгеній Абрамовичъ Баратынскій

1800–44

46.   НА СМЕРТЬ ГЕТЕ

Предстала—и старецъ великій смежилъ
    Орлиныя очи въ покоѣ;
Почилъ безмятежно, зане совершилъ
    Въ предѣлѣ земномъ все земное!
Надъ дивной могилой не плачь, не жалѣй,
Что генія черепъ—наслѣдье червей.
Погасъ! но ничто не оставлено имъ
    Подъ солнцемъ живыхъ безъ привѣта;
На все отозвался онъ сердцемъ своимъ,
    Что проситъ у сердца отвѣта:
Крылатою мыслью онъ міръ облетѣлъ,
Въ одномъ безпредѣльномъ нашелъ ей предѣлъ.
Все духъ въ немъ питало: труды мудрецовъ,
    Искусствъ вдохновенныхъ созданья,
Преданья, завѣты минувшихъ вѣковъ,
    Цвѣтущихъ временъ упованья;
Мечтою, по волѣ, проникнуть онъ могъ
И въ нищую хату, и въ царскій чертогъ.
Съ природой одною онъ жизнью дышалъ:
    Ручья разумѣлъ лепетанье,

И говоръ древесныхъ листовъ понималъ,
 И чувствовалъ травъ прозябанье;
Была ему звѣздная книга ясна,
И съ нимъ говорила морская волна.
Извѣданъ, испытанъ имъ весь человѣкъ!
 И ежели жизнью земною
Творецъ ограничилъ летучій нашъ вѣкъ,
 И насъ за могильной доскою,
За міромъ явленій не ждетъ ничего,—
Творца оправдаетъ могила его.
И если загробная жизнь намъ дана,—
 Онъ, здѣшней вполнѣ отдышавшій
И въ звучныхъ, глубокихъ отзывахъ сполна
 Все дольное долу отдавшій,
Къ Предвѣчному легкой душой возлетитъ,
И въ небѣ земное его не смутитъ.

Николай Михайловичъ Языковъ

1803–46

47.   Пѣснь Баяна

 О ночь, о ночь! лети стрѣлой!
Несносенъ отдыхъ Святославу:
Онъ жаждетъ битвы роковой...
О ночь, о ночь! лети стрѣлой!
Несносенъ отдыхъ Святославу!
 Цимисхій! крѣпокъ ли твой щитъ?
Не тонки-ль кованыя латы?
Нашъ князь убійственно разитъ...
Цимисхій! крѣпокъ ли твой щитъ?
Не тонки-ль кованыя латы?

Дружинѣ борзыхъ дай коней,
Не то мечи ее нагонятъ,
И не ускачетъ отъ мечей...
Дружинѣ борзыхъ дань коней,
Не то—мечи ее нагонятъ.

Ты рать обширную привелъ;
Немного насъ, но мы—славяне:
Ударъ нашъ мѣтокъ и тяжелъ...
Ты рать обширную привелъ;
Немного насъ, но мы славяне!

О ночь, о ночь, лети стрѣлой!
Поля, откройтесь для побѣды,
Просмися, ужасъ боевой!...
О ночь, о ночь, лети стрѣлой!
Поля, откройтесь для побѣды!

48.   ПЛОВЕЦЪ

Нелюдимо наше море,
День и ночь шумитъ оно;
Въ роковомъ его просторѣ
Много бѣдъ погребено.

Смѣло, братья! Вѣтромъ полный,
Парусъ мой направилъ я:
Полетитъ на скользки волны
Быстрокрылая ладья!

Облака бѣгутъ надъ моремъ,
Крѣпнетъ вѣтеръ, зыбь чернѣй,
Будетъ буря: мы поспоримъ
И помужествуемъ съ ней!

Смѣло, братья! Туча грянетъ,
Закипитъ громада водъ,

Выше валъ сердитый встанетъ,
Глубже бездна упадетъ!
Тамъ, за далью непогоды,
Есть блаженная страна:
Не темнѣютъ неба своды,
Не проходитъ тишина.
Но туда выносятъ волны
Только сильнаго душой...
Смѣло, братья, бурей полный
Прямъ и крѣпокъ парусъ мой!

Алексѣй Васильевичъ Кольцовъ

1808—42

49.
Урожай

Краснымъ полымемъ
Заря вспыхнула;
По лицу земли
Туманъ стелется.
Разгорѣлся день
Огнемъ солнечнымъ,
Подобралъ туманъ
Выше темя горъ,
Нагустилъ его
Въ тучу черную...
Туча черная
Понахмурилась,
Понахмурилась,
Что задумалась,
Словно вспомнила
Свою родину...

Понесутъ ее
Вѣтры буйные
Во всѣ стороны
Свѣта бѣлаго...
Ополчается
Громомъ, бурею,
Огнемъ-молніей,
Дугой-радугой;
Ополчилася—
И расширилась,
И ударила,
И пролилася
Слезой крупною,
Проливнымъ дождемъ
На земную грудь,
На широкую
И съ горы небесъ
Глядитъ солнышко:
Напилась воды
Земля досыта.
На поля, сады,
На зеленые,
Люди сельскіе
Не насмотрятся.
Люди сельскіе
Божьей милости
Ждали съ трепетомъ
И молитвою.
За-одно съ весной
Пробуждаются
Ихъ завѣтныя

Думы мирныя.
Дума первая:
Хлѣбъ изъ закрома
Насыпать въ мѣшки,
Убирать воза.
А вторая ихъ
Была думушка:
Изъ села гужомъ
Въ пору выѣхать
Третью думушку
Какъ задумали,—
Богу-Господу
Помолилися.
Чѣмъ-свѣтъ по полю
Всѣ разъѣхались
И пошли гулять
Другъ за дружкою,
Горстью полною
Хлѣбъ раскидывать,
И давай пахать
Землю плугами,
Да кривой сохой
Перепахивать,
Бороны зубьемъ
Порасчесывать...
Посмотрю пойду,
Полюбуюся,
Что послалъ Господь
За труды людямъ.
Выше пояса
Рожь зернистая

Дремитъ колосомъ
Почти дó земи,
Словно Божій гость,
На всѣ стороны
Дню веселому
Улыбается;
Вѣтерокъ по ней
Плыветъ-лóснится,
Золотой волной
Разбѣгается...
Люди семьями
Принялися жать,
Косить подъ корень
Рожь высокую.
Въ копны частыя
Снопы сложены;
Отъ возовъ всю ночь
Скрипитъ музыка,
На гумнахъ вездѣ,
Какъ князья, скирды
Широко сидятъ,
Поднявъ головы.
Видитъ солнышко—
Жатва кончена:
Холоднѣй оно
Пошло къ осени;
Но жарка свѣча
Поселянина
Предъ иконою
Божьей Матери.

50.

Пѣсня

Ты не пой, соловей
Подъ моимъ окномъ,
Улети ты въ лѣса
Моей родины!
Полюби ты окно
Души-дѣвицы!
Прощебечь нѣжно ей
Про мою тоску...
Ты скажи, какъ безъ ней
Сохну, вяну я,
Что трава на степи
Передъ осенью.
Безъ нея ночью мнѣ
Мѣсяцъ сумраченъ,
Среди дня безъ огня
Ходитъ солнышко.
Безъ нея кто меня
Приметъ ласково?
На чью грудь отдохнуть
Склоню голову?
Безъ нея на чью рѣчь
Улыбнуся я?
Чья мнѣ пѣснь, чей привѣтъ
Будетъ по́ сердцу?
Что-жъ поешь, соловей,
Подъ моимъ окномъ?
Улетай, улетай
Къ душѣ-дѣвицѣ!

51.　　　　НЕ ШУМИ ТЫ, РОЖЬ

Не шуми ты, рожь
Спѣлымъ колосомъ!
Ты не пой, косарь,
Про широку степь!
Мнѣ не для чего
Собирать добро,
Мнѣ не для чего
Богатѣть теперь!
Прочилъ молодецъ,
Прочилъ доброе
Не своей душѣ—
Душѣ-дѣвицѣ.
Сладко было мнѣ
Глядѣть въ очи ей,
Очи полныя
Полюбовныхъ думъ!
И тѣ ясныя
Очи стухнули,
Спитъ могильнымъ сномъ
Красна дѣвица!
Тяжелѣй горы,
Темнѣй полночи
Легла на сердце
Дума черная!

АЛЕКСѢЙ ВАСИЛЬЕВИЧЪ КОЛЬЦОВЪ

Разлука

На зарѣ туманной юности
Всей душой любилъ я милую:
Былъ у ней въ глазахъ небесный свѣтъ,
На лицѣ горѣлъ любви огонь.

Что предъ ней ты, утро майское,
Ты, дуброва-мать зеленая,
Степь-трава—парча шелкóвая,
Заря-вечеръ, ночь-волшебница!

Хороши вы—когда нѣтъ ея,
Когда съ вами дѣлишь грусть-тоску!
А при ней васъ—хоть бы не было...
Съ ней зима—весна, ночь—ясный день!

Не забыть мнѣ, какъ въ послѣдній разъ
Я сказалъ ей: «Прости, милая!
Такъ, знать, Богъ велѣлъ—разстанемся,
Но когда нибудь увидимся»...

Вмигъ огнемъ лицо все вспыхнуло,
Бѣлымъ снѣгомъ перекрылося,—
И, рыдая, какъ безумная,
На груди моей повиснула.

«Не ходи, постой! Дай время мнѣ
Задушить грусть, печаль выплакать
На тебя, на ясна сокола»...
Занялся духъ—слово замерло...

53.   СМЕРТЬ ПОЭТА

Погибъ поэтъ, невольникъ чести,
Палъ, оклеветанный молвой,
Съ свинцомъ въ груди и съ жаждой мести,
Поникнувъ гордой головой.
Не вынесла душа поэта
Позора мелочныхъ обидъ;
Возсталъ онъ противъ мнѣній свѣта,
Одинъ, какъ прежде—и убитъ!
Убитъ!... Къ чему теперь рыданья,
Пустыхъ похвалъ ненужный хоръ
И жалкій лепетъ оправданья—
Судьбы свершился приговоръ!
Не вы-ль сперва такъ долго гнали
Его свободный, смѣлый даръ
И для потѣхи раздували
Чуть затаившійся пожаръ?
Что-жъ? Веселитесь!... Онъ мученій
Послѣднихъ перенесть не могъ.
Угасъ, какъ свѣточъ, дивный геній,
Увялъ торжественный вѣнокъ!...
Его убійца хладнокровно
Навелъ ударъ—спасенья нѣтъ:
Пустое сердце бьется ровно,
Въ рукѣ не дрогнетъ пистолетъ.
И что за диво?... Издалёка,
Подобный сотнямъ бѣглецовъ,
На ловлю счастья и чиновъ

МИХАИЛЪ ЮРЬЕВИЧЪ ЛЕРМОНТОВЪ

Заброшенъ къ намъ по волѣ рока,
Смѣясь, онъ дерзко презиралъ
Земли чужой языкъ и нравы;
Не могъ щадить онъ нашей славы,
Не могъ понять въ сей мигъ кровавый,
На что онъ руку подымалъ!

  И онъ погибъ, и взятъ могилой,
Какъ тотъ пѣвецъ, невѣдомый, но милый,
  Добыча ревности глухой,
Воспѣтый имъ съ такою чудной силой,
Сраженный, какъ и онъ, безжалостной рукой.
Зачѣмъ отъ мирныхъ нѣгъ и дружбы простодушной
Вступилъ онъ въ этотъ свѣтъ завистливый и душный
Для сердца вольнаго и пламенныхъ страстей?
Зачѣмъ онъ руку далъ клеветникамъ ничтожнымъ,
Зачѣмъ повѣрилъ онъ словамъ и клятвамъ ложнымъ,
Онъ, съ юныхъ лѣтъ постигнувшій людей!
И, прежній снявъ вѣнокъ, они вѣнецъ терновый,
      Увитый лаврами, надѣли на него;
     Но иглы тайныя сурово
     Язвили славное чело...
Отравлены его послѣднія мгновенья
Коварнымъ шопотомъ насмѣшливыхъ невѣждъ,
И умеръ онъ съ напрасной жаждой мщенья,
Съ досадой тайною обманутыхъ надеждъ...
     Замолкли звуки чудныхъ пѣсенъ,
     Не раздаваться имъ опять:
     Пріютъ пѣвца угрюмъ и тѣсенъ,
     И на устахъ его печать!
     А вы, надменные потомки

Извѣстной подлостью прославленныхъ отцовъ,
Пятою рабскою поправшіе обломки
Игрою счастія обиженныхъ родовъ!
Вы, жадною толпой стоящіе у трона,
Свободы, генія и славы палачи!
   Таитесь вы подъ сѣнію закона,
   Предъ вами судъ и правда—все молчи!
Но есть и Божій судъ, наперсники разврата,
     Есть грозный Судъ,—онъ ждетъ,
     Онъ недоступенъ звону злата,
И мысли и дѣла онъ знаетъ напередъ.
Тогда напрасно вы прибѣгнете къ злословью:
     Оно вамъ не поможетъ вновь,
И вы не смоете всей вашей черной кровью
     Поэта праведную кровь!

54.   ОТЧИЗНА

   Люблю отчизну я, но странною любовью—
Не побѣдитъ ея разсудокъ мой!...
Ни слава, купленная кровью,
Ни полный гордаго довѣрія покой,
Ни темной старины завѣтныя преданья
Не шевелятъ во мнѣ отраднаго мечтанья.
Но я люблю—за что, не знаю самъ—
Ея степей холодное молчанье,
Ея лѣсовъ безбрежныхъ колыханье,
Разливы рѣкъ ея, подобные морямъ;
Проселочнымъ путемъ люблю скакать въ телѣгѣ
И, взоромъ медленнымъ пронзая ночи тѣнь,
Встрѣчать по сторонамъ, вздыхая о ночлегѣ
Дрожащіе огни печальныхъ деревень.

Люблю дымокъ спаленной нивы,
Въ степи кочующій обозъ
И на холмѣ, средь желтой нивы,
Чету бѣлѣющихъ березъ.

Съ отрадой, многимъ незнакомой,
Я вижу полное гумно,
Избу, покрытую соломой,
Съ рѣзными ставнями окно;
И въ праздникъ, вечеромъ росистымъ,
Смотрѣть до полночи готовъ
На пляску съ топаньемъ и свистомъ,
Подъ говоръ пьяныхъ мужичковъ.

55.   Бородино

«Скажи-ка, дядя, вѣдь не даромъ
Москва, спаленная пожаромъ,
    Французу отдана?
Вѣдь были жъ схватки боевыя?
Да, говорятъ еще какія!
Не даромъ помнитъ вся Россія
    Про день Бородина!»
—Да, были люди въ наше время,
Не то, что нынѣшнее племя:
    Богатыри—не вы!
Плохая имъ досталась доля:
Немногіе вернулись съ поля...
Не будь на то Господня воля,
    Не отдали бъ Москвы!
Мы долго, молча, отступали.
Досадно было, боя ждали,
    Ворчали старики:

«Что жъ мы? На зимнія квартиры?
Не смѣютъ что ли командиры
Чужіе изорвать мундиры
   О русскіе штыки?»
И вотъ нашли большое поле:
Есть разгуляться гдѣ на волѣ!
   Построили редутъ.
У нашихъ ушки на макушкѣ!
Чуть утро освѣтило пушки
И лѣса синія верхушки—
   Французы тутъ-какъ-тутъ.
Забилъ зарядъ я въ пушку туго,
И думалъ: угощу я друга!
   Постой-ка, братъ мусью!
Что тутъ хитрить, пожалуй къ бою;
Ужъ мы пойдемъ ломить стѣною,
Ужъ постоимъ мы головою
   За родину свою!
Два дня мы были въ перестрѣлкѣ
Что толку въ этакой бездѣлкѣ?
   Мы ждали третій день.
Повсюду стали слышны рѣчи:
«Пора добраться до картечи!»
И вотъ на поле грозной сѣчи
   Ночная пала тѣнь.
Прилегъ вздремнуть я у лафета,
И слышно было до разсвѣта,
   Какъ ликовалъ французъ.
Но тихъ былъ нашъ бивакъ открытый:
Кто киверъ чистилъ весь избитый,
Кто штыкъ точилъ, ворча сердито,

   Кусая длинный усъ.
И только небо засвѣтилось,
Все шумно вдругъ зашевелилось,
   Сверкнулъ за строемъ строй.
Полковникъ нашъ рожденъ былъ хватомъ,
Слуга царю, отецъ солдатамъ...
Да жаль его: сраженъ булатомъ,
   Онъ спитъ въ землѣ сырой.
И молвилъ онъ, сверкнувъ очами:
«Ребята! не Москва ль за нами?
   Умремте жъ подъ Москвой,
Какъ наши братья умирали!»
И умереть мы обѣщали,
И клятву вѣрности сдержали
   Мы въ Бородинскій бой.
Ну жъ былъ денекъ!... Сквозь дымъ летучій
Французы двинулись, какъ тучи,
   И все на нашъ редутъ.
Уланы съ пестрыми значками,
Драгуны съ конскими хвостами—
Всѣ промелькнули передъ нами,
   Всѣ побывали тутъ.
Вамъ не видать такихъ сраженій!...
Носились знамена, какъ тѣни,
   Въ дыму огонь блестѣлъ,
Звучалъ булатъ, картечь визжала,
Рука бойцовъ колоть устала,
И ядрамъ пролетать мѣшала
   Гора кровавыхъ тѣлъ.
Извѣдалъ врагъ въ тотъ день немало,
Что значитъ русскій бой удалый

Нашъ рукопашный бой!
Земля тряслась, какъ наши груди;
Смѣшались въ кучу кони, люди,
И залпы тысячи орудій
    Слились въ протяжный вой...
Вотъ смерклось. Были всѣ готовы
Заутра бой затѣять новый
    И до конца стоять...
Вотъ затрещали барабаны,
И отступили басурманы.
Тогда считать мы стали раны,
    Товарищей считать.

Да, были люди въ наше время,
Могучее, лихое племя:
    Богатыри—не вы!
Плохая имъ досталась доля:
Немногіе вернулись съ поля,
Когда бъ на то не Божья воля,
    Не отдали бъ Москвы!

56.   ПОСЛѢДНЕЕ НОВОСЕЛЬЕ

Межъ тѣмъ, какъ Франція, среди рукоплесканій
И кликовъ радостныхъ, встрѣчаетъ хладный прахъ
Погибшаго давно среди нѣмыхъ страданій
    Въ изгнаньи мрачномъ и цѣпяхъ;
Межъ тѣмъ какъ міръ услужливой хвалою
Вѣнчаетъ поздняго раскаянья порывъ,
И вздорная толпа, довольная собою,
    Гордится, прошлое забывъ,—
Негодованію и чувству давъ свободу,
Понявъ тщеславіе сихъ праздничныхъ заботъ,

МИХАИЛЪ ЮРЬЕВИЧЪ ЛЕРМОНТОВЪ

Мнѣ хочется сказать великому народу:
    Ты жалкій и пустой народъ!
Ты жалокъ потому, что вѣра, слава, геній,
Все, все великое, священное земли,
Съ насмѣшкой глупою ребяческихъ сомнѣній,
    Тобой растоптано въ пыли.

Изъ славы сдѣлалъ ты игрушку лицемѣрья,
Изъ вольности—орудье палача,
И всѣ завѣтныя отцовскія повѣрья
    Ты имъ рубилъ, рубилъ съ плеча;
Ты погибалъ! И онъ явился—съ строгимъ взоромъ.
Отмѣченный божественнымъ перстомъ,
И признанъ за вождя всеобщимъ приговоромъ,
    И ваша жизнь слилася въ немъ.

И вы окрѣпли вновь въ тѣни его державы,
И міръ трепещущій въ безмолвіи взиралъ
На ризу чудную могущества и славы,
    Которой васъ онъ одѣвалъ.
Одинъ—онъ былъ вездѣ, холодный, неизмѣнный,
Отецъ сѣдыхъ дружинъ, любимый сынъ молвы,
Въ степяхъ египетскихъ, у стѣнъ покорной Вѣны,
    Въ снѣгахъ пылающей Москвы.

А вы что дѣлали, скажите, въ это время,
Когда въ поляхъ чужихъ онъ гордо погибалъ?—
Вы потрясали власть, избранную, какъ бремя,
    Точили въ темнотѣ кинжалъ!
Среди послѣднихъ битвъ, отчаянныхъ усилій,
Въ испугѣ не понявъ позора своего,
Какъ женщина, ему вы измѣнили,
    И, какъ рабы, вы предали его.
Лишенный правъ и мѣста гражданина,

МИХАИЛЪ ЮРЬЕВИЧЪ ЛЕРМОНТОВЪ

Разбитый свой вѣнецъ онъ снялъ и бросилъ самъ,
И вамъ оставилъ онъ въ залогъ родного сына—
     Вы сына выдали врагамъ!
Тогда, отяготивъ позорными цѣпями,
Героя увезли отъ плачущихъ дружинъ,
И на чужой скалѣ, за синими морями,
     Забытый, онъ угасъ одинъ—
Одинъ, замученъ мщеніемъ безплоднымъ,
Безмолвною и гордою тоской,
И, какъ простой солдатъ, въ плащѣ своемъ походномъ
     Зарытъ наемною рукой...
Но годы протекли, и вѣтреное племя
Кричитъ: «Подайте намъ священный этотъ прахъ!
Онъ нашъ! Его теперь, великой жатвы сѣмя,
     Зароемъ мы въ спасенныхъ имъ стѣнахъ!»
И возвратился онъ на родину.—Безумно,
Какъ прежде, вкругъ него тѣснятся и бѣгутъ
И въ пышный гробъ, среди столицы шумной,
     Останки тлѣнные кладутъ.
Желанье позднее увѣнчано успѣхомъ!
И, краткій свой восторгъ смѣнивъ уже другимъ,
Гуляя, топчетъ ихъ съ самодовольнымъ смѣхомъ
     Толпа, дрожавшая предъ нимъ!
И грустно мнѣ, когда подумаю, что нынѣ
Нарушена святая тишина
Вокругъ того, кто ждалъ въ своей пустынѣ
     Такъ жадно, столько лѣтъ—спокойствія и сна.
И если духъ вождя примчится на свиданье
Съ гробницей новою, гдѣ прахъ его лежитъ,
Какое въ немъ негодованье
     При этомъ видѣ закипитъ!

Какъ будетъ онъ жалѣть, печалію томимый,
О знойномъ островѣ подъ небомъ дальнихъ странъ,
Гдѣ сторожилъ его, какъ онъ непобѣдимый,
    Какъ онъ великій, океанъ!

57.   ДУМА

  Печально я гляжу на наше поколѣнье!
Его грядущее—иль пусто, иль темно;
Межъ тѣмъ, подъ бременемъ познанья и сомнѣнья,
Въ бездѣйствіи состарится оно.
Богаты мы, едва изъ колыбели,
Ошибками отцовъ и позднимъ ихъ умомъ,
И жизнь ужъ насъ томитъ, какъ ровный путь безъ цѣли,
Какъ пиръ на праздникѣ чужомъ.
Къ добру и злу постыдно равнодушны,
Въ началѣ поприща мы вянемъ безъ борьбы,
Передъ опасностью позорно-малодушны
И передъ властію презрѣнные рабы.
Такъ тощій плодъ, до времени созрѣлый,
Ни вкуса нашего не радуя, ни глазъ,
Виситъ между цвѣтовъ, пришлецъ осиротѣлый,
И часъ ихъ красоты—его паденья часъ!
  Мы изсушили умъ наукою безплодной,
Тая завистливо отъ ближнихъ и друзей
Надежды лучшія и голосъ благородный
Невѣріемъ осмѣянныхъ страстей.
Едва касались мы до чаши наслажденья
Но юныхъ силъ мы тѣмъ не сберегли:
Изъ каждой радости, бояся пресыщенья,
Мы лучшій сокъ навѣки извлекли.

Мечты поэзіи, созданія искусства
Восторгомъ сладостнымъ нашъ умъ не шевелятъ;
Мы жадно бережемъ въ груди остатокъ чувства—
Зарытый скупостью и безполезный кладъ.

И ненавидимъ мы, и любимъ мы случайно,
Ничѣмъ не жертвуя ни злобѣ, ни любви,
И царствуетъ въ душѣ какой-то холодъ тайный,
Когда огонь кипитъ въ крови.

И предковъ скучны намъ роскошныя забавы,
Ихъ добросовѣстный, ребяческій развратъ;
И къ гробу мы спѣшимъ безъ счастья и безъ славы,
Глядя насмѣшливо назадъ.

Толпой угрюмою и скоро позабытой,
Надъ міромъ мы пройдемъ безъ шума и слѣда,
Не бросивши вѣкамъ ни мысли плодовитой,
Ни геніемъ начатаго труда.

И прахъ нашъ, съ строгостью судьи и гражданина,
Потомокъ оскорбитъ презрительнымъ стихомъ,
Насмѣшкой горькою обманутаго сына
Надъ промотавшимся отцомъ!

58.   АНГЕЛЪ

По небу полуночи ангелъ летѣлъ
    И тихую пѣсню онъ пѣлъ;
И мѣсяцъ, и звѣзды, и тучи толпой
    Внимали той пѣснѣ святой.
Онъ пѣлъ о блаженствѣ безгрѣшныхъ духовъ
    Подъ кущами райскихъ садовъ,
О Богѣ великомъ онъ пѣлъ—и хвала
    Его непритворна была.

Онъ душу младую въ объятіяхъ несъ
   Для міра печали и слезъ,
И звукъ его пѣсни въ душѣ молодой
   Остался безъ словъ, но живой.
И долго на свѣтѣ томилась она,
   Желаніемъ чуднымъ полна,
И звуковъ небесъ замѣнить не могли
   Ей скучныя пѣсни земли.

59.   ПАРУСЪ

   Бѣлѣетъ парусъ одинокій
Въ туманѣ моря голубомъ...
Что ищетъ онъ въ странѣ далекой?
Что кинулъ онъ въ краю родномъ?

   Играютъ волны, вѣтеръ свищетъ,
И мачта гнется и скрипитъ.
Увы! онъ счастія не ищетъ
И не отъ счастія бѣжитъ!

   Подъ нимъ струя свѣтлѣй лазури,
Надъ нимъ лучъ солнца золотой;
А онъ, мятежный, проситъ бури,
Какъ будто въ буряхъ есть покой!

60.   МОЛИТВА

   Въ минуту жизни трудную,
Тѣснится ль въ сердцѣ грусть,
Одну молитву чудную
Твержу я наизусть.

   Есть сила благодатная
Въ созвучьи словъ живыхъ,

И дышетъ непонятная,
Святая прелесть въ нихъ.

Съ души какъ бремя скатится,
Сомнѣнье далеко—
И вѣрится, и плачется,
И такъ легко, легко...

61. И Скучно, и Грустно

И скучно, и грустно, и некому руку подать
Въ минуту душевной невзгоды...
Желанья!... что пользы напрасно и вѣчно желать?...
А годы проходятъ—всѣ лучшіе годы!
Любить!... но кого же?... на время—не стоитъ труда,
А вѣчно любить невозможно.
Въ себя ли заглянешь;—тамъ прошлаго нѣтъ и слѣда:
И радость, и муки, и все тамъ ничтожно.
Что страсти?—вѣдь рано иль поздно, ихъ сладкій недугъ
Изчезнетъ при словѣ разсудка;
И жизнь, какъ посмотришь съ холоднымъ вниманьемъ
вокругъ,
Такая пустая и глупая шутка...

62. Тучи

Тучки небесныя, вѣчные странники!
Степью лазурною, цѣпью жемчужною
Мчитесь вы, будто какъ я же, изгнанники,
Съ милаго сѣвера въ сторону южную.
Кто же васъ гонитъ: судьбы ли рѣшеніе?
Зависть ли тайная, злоба-ль открытая?
Или на васъ тяготитъ преступленіе,
Или друзей клевета ядовитая?

Нѣтъ, вамъ наскучили нивы безплодныя...
Чужды вамъ страсти и чужды страданія...
Вѣчно холодныя, вѣчно свободныя,
Нѣтъ у васъ родины, нѣтъ вамъ изгнанія!

63.
МОЛИТВА

Я, Матерь Божія, нынѣ съ молитвою
Предъ твоимъ образомъ, яркимъ сіяніемъ,
Не о спасеніи, не передъ битвою,
Не съ благодарностью иль покаяніемъ,

Не за свою молю душу пустынную,
За душу странника въ свѣтѣ безроднаго;
Но я вручить хочу дѣву невинную
Теплой Заступницѣ міра холоднаго.

Окружи счастіемъ счастья достойную,
Дай ей сопутниковъ, полныхъ вниманія,
Молодость свѣтлую, старость покойную,
Сердцу незлобному миръ упованія.

Срокъ ли приблизится часу прощальному
Въ утро ли шумное, въ ночь ли безгласную,
Ты воспріять пошли къ ложу печальному
Лучшаго ангела—душу прекрасную.

64.
КАЗАЧЬЯ КОЛЫБЕЛЬНАЯ ПѢСНЯ

Спи, младенецъ мой прекрасный,
　　Баюшки-баю.
Тихо смотритъ мѣсяцъ ясный
　　Въ колыбель твою.
Стану сказывать я сказки,
　　Пѣсенку спою;

Ты жъ дремли, закрывши глазки,
   Баюшки-баю.
По камнямъ струится Терекъ,
   Плещетъ мутный валъ;
Злой чеченъ ползетъ на берегъ,
   Точитъ свой кинжалъ;
Но отецъ твой—старый воинъ,
   Закаленъ въ бою;
Спи, малютка, будь спокоенъ,
   Баюшки-баю.

Самъ узнаешь—будетъ время—
   Бранное житье;
Смѣло вдѣнешь ногу въ стремя
   И возьмешь ружье.
Я сѣдельце боевое
   Шелкомъ разошью...
Спи, дитя мое родное,
   Баюшки-баю.

Богатырь ты будешь съ виду
   И казакъ душой.
Провожать тебя я выйду—
   Ты махнешь рукой.
Сколько горькихъ слезъ украдкой
   Я въ ту ночь пролью!
Спи, мой ангелъ, тихо, сладко,
   Баюшки-баю.

Стану я тоской томиться,
   Безутѣшно ждать;
Стану цѣлый день молиться,
   По ночамъ гадать;
Стану думать, что скучаешь

Ты въ чужомъ краю...
Спи жъ, пока заботъ не знаешь,
    Баюшки-баю.

Дамъ тебѣ я на дорогу
    Образокъ святой;
Ты его, моляся Богу,
    Ставь передъ собой;
Да, готовясь въ бой опасный,
    Помни мать свою...
Спи, младенецъ мой прекрасный
    Баюшки-баю.

65.
ЗАВѢЩАНІЕ

Наединѣ съ тобою, братъ,
Хотѣлъ бы я побыть:
На свѣтѣ мало, говорятъ,
Мнѣ остается жить!
Поѣдешь скоро ты домой:
Смотри жъ... Да что! моей судьбой,
Сказать по правдѣ, очень
Никто не озабоченъ.

    А если спроситъ кто-нибудь...
Ну, кто бы ни спросилъ,—
Скажи имъ, что на вылетъ въ грудь
Я пулей раненъ былъ;
Что умерь, честно за царя,
Что плохи наши лѣкаря,
И что родному краю
Поклонъ я посылаю.

    Отца и мать мою едва ль
Застанешь ты въ живыхъ...

Признаться, право, было бъ жаль
Мнѣ опечалить ихъ;
Но если кто изъ нихъ и живъ,
Скажи, что я писать лѣнивъ,
Что полкъ въ походъ послали,
И чтобъ меня не ждали.

Сосѣдка есть у нихъ одна...
Какъ вспомнишь, какъ давно
Разстались... Обо мнѣ она
Не спроситъ... Все равно,
Ты разскажи всю правду ей,
Пустого сердца не жалѣй—
Пускай она поплачетъ...
Ей ничего не значитъ!...

66.

Изъ «Мцыри»

XXII

И, какъ его, палилъ меня
Огонь безжалостнаго дня.
Напрасно пряталъ я въ траву
Мою усталую главу:
Изсохшій листъ ея вѣнцомъ
Терновымъ надъ моимъ челомъ
Свивался—и въ лицо огнемъ
Сама земля дышала мнѣ.
Сверкая быстро въ вышинѣ,
Кружились искры; съ бѣлыхъ скалъ
Струился паръ. Міръ Божій спалъ,
Въ оцѣпенѣніи глухомъ,
Отчаянья тяжелымъ сномъ,
Хотя бы крикнулъ коростель,

Иль стрекозы живая трель
Послышалась, или ручья
Ребячій лепетъ... Лишь змѣя,
Сухимъ бурьяномъ шелестя,
Сверкая желтою спиной,
Какъ будто надписью златой
Покрытый до-низу клинокъ,
Браздя разсыпчатый песокъ,
Скользила бережно; потомъ,
Играя, нѣжася на немъ,
Тройнымъ свивалася кольцомъ;
То будто вдругъ обожжена,
Металась, прыгала она
И въ дальнихъ пряталась кустахъ...

XXIII

И было все на небесахъ
Свѣтло и тихо. Сквозь пары
Вдали чернѣли двѣ горы.
Нашъ монастырь изъ-за одной
Сверкалъ зубчатою стѣной.
Внизу Арагва и Кура,
Обвивъ каймой изъ серебра
Подошвы свѣжихъ острововъ,
По корнямъ шепчущихъ кустовъ
Бѣжали дружно и легко...
До нихъ мнѣ было далеко!
Хотѣлъ я встать—передо мной
Все закружилось съ быстротой;
Хотѣлъ кричать—языкъ сухой
Беззвученъ и недвижимъ былъ...

Я умиралъ. Меня томилъ
Предсмертный бредъ.

               Казалось мнѣ,
Что я лежу на влажномъ днѣ
Глубокой рѣчки—и была
Кругомъ таинственная мгла.
И, жажду вѣчную поя,
Какъ ледъ холодная струя,
Журча, вливалася мнѣ въ грудь...
И я боялся лишь заснуть—
Такъ было сладко, любо мнѣ...
А надо мною въ вышинѣ
Волна тѣснилася къ волнѣ
И солнце сквозь хрусталь волны
Сіяло сладостнѣй луны...
И рыбокъ пестрыя стада
Въ лучахъ играли иногда.
И помню я одну изъ нихъ:
Она привѣтливѣй другихъ
Ко мнѣ ласкалась. Чешуей
Была покрыта золотой
Ея спина. Она вилась
Надъ головой моей не разъ,
И взоръ ея зеленыхъ глазъ
Былъ грустно-нѣженъ и глубокъ...
И надивиться я не могъ:
Ея сребристый голосокъ
Мнѣ рѣчи странныя шепталъ,
И пѣлъ, и снова замолкалъ.
Онъ говорилъ:

               «Дитя мое,
Останься здѣсь со мной:

Въ водѣ привольное житье—
И холодъ и покой.

Я созову моихъ сестеръ:
Мы пляской круговой
Развеселимъ туманный взоръ
И духъ усталый твой.

Усни! постель твоя мягка,
Прозраченъ твой покровъ.
Пройдутъ года, пройдутъ вѣка
Подъ говоръ чудныхъ сновъ;

О милый мой! не утаю,
Что я тебя люблю,
Люблю, какъ вольную струю,
Люблю, какъ жизнь мою...»

И долго, долго слушалъ я;
И мнилось, звучная струя
Сливала тихій ропотъ свой
Съ словами рыбки золотой.
Тутъ я забылся. Божій свѣтъ
Въ глазахъ угасъ. Безумный бредъ
Безсилью тѣла уступилъ...

67.

Изъ «Демона»

Не плачь, дитя, не плачь напрасно!
Твоя слеза на трупъ безгласный
Живой росой не упадетъ;
Она лишь взоръ туманитъ ясный,
Ланиты дѣвственныя жжетъ!
Онъ далеко, онъ не узнаетъ,

Не оцѣнитъ тоски твоей;
Небесный свѣтъ теперь ласкаетъ
Безплотный взоръ его очей;
Онъ слышитъ райскіе напѣвы...
Что жизни мѐлочные сны
И стонъ, и слезы бѣдной дѣвы
Для гостя райской стороны?
Нѣтъ, жребій смертнаго творенья,
Повѣрь мнѣ, ангелъ мой земной,
Не стоитъ одного мгновенья
Твоей печали дорогой!»

    «На воздушномъ океанѣ,
      Безъ руля и безъ вѣтрилъ,
    Тихо плаваютъ въ туманѣ
      Хоры стройные свѣтилъ.
    Средь полей необозримыхъ
      Въ небѣ ходятъ безъ слѣда
    Облаковъ неуловимыхъ
      Волокнистыя стада.
    Часъ разлуки, часъ свиданья—
      Имъ ни радость ни печаль;
    Имъ въ грядущемъ нѣтъ желанья,
      Имъ прошедшаго не жаль.
    Въ день томительный несчастья
      Ты о нихъ лишь вспомяни,
    Будь къ земному безъ участья
      И безпечна, какъ они!

«Лишь только ночь своимъ покровомъ
Верхи Кавказа осѣнитъ,
Лишь только міръ, волшебнымъ словомъ
Завороженный, замолчитъ;

Лишь только вѣтеръ надъ скалою
Увядшей шевельнетъ травою,
И птичка, спрятанная въ ней,
Порхнетъ во мракѣ веселѣй;
И подъ лозою виноградной,
Росу небесъ глотая жадно,
Цвѣтокъ распустится ночной;
Лишь только мѣсяцъ золотой
Изъ-за горы тихонько встанетъ
И на тебя украдкой взглянетъ—
Къ тебѣ я стану прилетать,
Гостить я буду до денницы,
И на шелкóвыя рѣсницы
Сны золотые навѣвать...»

Алексѣй Степановичъ Хомяковъ

1804-60

68.   ОРЕЛЪ

Высоко ты гнѣздо поставилъ,
Славянъ полунощныхъ Орелъ,
Широко крылья ты расправилъ,
Глубоко въ небо ты ушелъ!
Лети; но въ горнемъ морѣ свѣта,
Гдѣ силой дышащая грудь
Разгуломъ вольности согрѣта,
О младшихъ братьяхъ не забудь!

На степь полуденнаго края,
На дальній Западъ оглянись;
Ихъ много тамъ, гдѣ гнѣвъ Дуная,
Гдѣ Альпы тучей обвились,

Въ ущельяхъ скалъ, въ Карпатахъ темныхъ,
Въ Балканскихъ дебряхъ и лѣсахъ,
Въ сѣтяхъ Тевтона вѣроломныхъ,
Въ стальныхъ Татарина цѣпяхъ...

И ждутъ окованные братья—
Когда же зовъ услышатъ твой,
Когда ты крылья, какъ объятья,
Прострешь надъ слабой ихъ главой?...
О, вспомни ихъ, Орелъ Полночи!
Пошли имъ звонкій свой привѣтъ,
Да ихъ утѣшитъ въ рабской ночи
Твоей свободы яркій свѣтъ!

Питай ихъ пищей силъ духовныхъ,
Питай надеждой лучшихъ дней,
И хладъ сердецъ единокровныхъ
Любовью жаркою согрѣй!
Ихъ часъ придетъ: окрѣпнутъ крылья,
Младые когти подрастутъ,
Вскричатъ Орлы,—и цѣпь насилья
Желѣзнымъ клювомъ расклюютъ!

69.   Поэтъ

Всѣ звѣзды въ новый путь стремились,
Разсѣявъ вѣковую мглу;
Всѣ звѣзды жизнью веселились
И пѣли Божію хвалу.

Одна, печально измѣряя
Никѣмъ незнаемы лѣта,—
Земля катилася нѣмая,
Небесъ веселыхъ сирота.

Она безъ пѣсень путь свершала,
Безъ пѣсень въ путь текла опять,
И на устахъ ея лежала
Молчанья строгаго печать.

Кто дастъ ей голосъ?... Лучъ небесный
На перси смертнаго упалъ,
И смертнаго покровъ тѣлесный
Жильца безсмертнаго пріялъ.

Онъ къ небу взоръ возвелъ спокойный,
И Богу гимнъ въ душѣ возникъ:
И далъ землѣ онъ голосъ стройный,
Творенью мертвому языкъ.

70.

РОССІИ

Тебя призвалъ на брань святую,
Тебя Господь нашъ полюбилъ,
Тебѣ далъ силу роковую.
Да сокрушишь ты волю злую
Слѣпыхъ, безумныхъ, дикихъ силъ.

Вставай, страна моя родная!
За братьевъ! Богъ тебя зовет
Чрезъ волны гнѣвнаго Дуная—
Туда, гдѣ, землю огибая,
Шумятъ струи Эгейскихъ водъ.

Но помни: быть орудьемъ Бога
Земнымъ созданьямъ тяжело;
Своихъ рабовъ онъ судитъ строго,—
А на тебя—увы!—какъ много
Грѣховъ ужасныхъ налегло.

Въ судахъ черна неправдой черной
И игомъ рабства клеймена;
Безбожной лести, лжи тлетворной,
И лѣни мертвой и позорной,
И всякой мерзости полна!

О, недостойная избранья,
Ты избрана! Скорѣй омой
Себя водою покаянья,
Да громъ двойного наказанья
Не грянетъ надъ твоей главой!

Съ душой колѣнопреклоненной,
Съ главой, лежащею въ пыли,
Молись молитвою смиренной,
И раны совѣсти растлѣнной
Елеемъ плача исцѣли!

И встань потомъ, вѣрна призванью,
И бросься въ пылъ кровавыхъ сѣчъ!
Борись за братьевъ крѣпкой бранью,
Держи стягъ Божій крѣпкой дланью,
Рази мечомъ—то Божій мечъ!

71.

По Прочтеніи Псалма

(По освященіи Исакіевскаго собора)

Земля трепещетъ; по эфиру
Катится громъ изъ края въ край.
То Божій гласъ; онъ судитъ міру:
«Израиль, Мой народъ, внимай!

Израиль! Ты мнѣ строишь храмы,
И храмы золотомъ блестятъ,

И въ нихъ курятся ѳиміамы,
И день, и ночь огни горятъ.

Къ чему Мнѣ пышныхъ храмовъ своды,
Бездушный камень, прахъ земной?
Я создалъ землю, создалъ воды,
Я небо очертилъ рукой!

Хочу—и словомъ расширяю
Предѣлъ безвѣстныхъ вамъ чудесъ,
И безконечность созидаю
За безконечностью небесъ.

Къ чему Мнѣ злато? Въ глубь земную,
Въ утробу вѣковѣчныхъ скалъ
Я влилъ, какъ воду дождевую,
Огнемъ расплавленный металлъ.

Онъ тамъ кипитъ и рвется, сжатый
Въ оковахъ темной глубины;
А ваши серебро и злато—
Лишь всплескъ той пламенной волны.

Къ чему куренья? Предо Мною
Земля, со всѣхъ своихъ концовъ,
Кадитъ дыханьемъ подъ росою
Благоухающихъ цвѣтовъ.

Къ чему огни? Не я ль свѣтила
Зажегъ надъ вашей головой?
Не я ль, какъ искры изъ горнила,
Бросаю звѣзды въ мракъ ночной?

Твой скуденъ даръ.—Есть даръ безцѣнный,
Даръ нужный Богу твоему;
Ты съ нимъ явись и, примиренный,
Я всѣ дары твои приму:

Мнѣ нужно сердце чище злата
И воля крѣпкая въ трудѣ;
Мнѣ нуженъ братъ, любящій брата,
Нужна мнѣ правда на судѣ!...»

Николай Алексѣевичъ Некрасовъ

1821–77

72.   ГИМНЪ

Господь! твори добро народу!
Благослови народный трудъ,
Упрочь народную свободу,
Упрочь народу правый судъ!

Чтобы благія начинанья
Могли свободно возрасти,
Разлей въ народѣ жажду знанья
И къ знанью укажи пути!

И отъ ярма порабощенья
Твоихъ избранниковъ спаси,
Которымъ знамя просвѣщенья—
Господь, Ты ввѣришь на Руси!...

73.   РОДИНА

И вотъ они опять, знакомыя мѣста,
Гдѣ жизнь отцовъ моихъ, безплодна и пуста,
Текла среди пировъ, безсмысленнаго чванства
Разврата грязнаго и мелкаго тиранства;

НИКОЛАЙ АЛЕКСѢЕВИЧЪ НЕКРАСОВЪ

Гдѣ рой подавленныхъ и трепетныхъ рабовъ
Завидовалъ житью послѣднихъ барскихъ псовъ,
Гдѣ было суждено мнѣ Божій свѣтъ увидѣть,
Гдѣ научился я терпѣть и ненавидѣть,
Но, ненависть въ душѣ постыдно притая,
Гдѣ иногда бывалъ помѣщикомъ и я;
Гдѣ отъ души моей, довременно растлѣнной,
Такъ рано отлетѣлъ покой благословенный,
И не ребяческихъ желаній и тревогъ
Огонь томительный до срока сердце жегъ...
Воспоминанія дней юности—извѣстныхъ
Подъ громкимъ именемъ роскошныхъ и чудесныхъ,—
Наполнивъ грудь мою и злобой и хандрой,
Во всей своей красѣ проходятъ предо мной!
Вотъ темный, темный садъ... Чей ликъ въ аллеѣ даль-
ной
Мелькаетъ межъ вѣтвей, болѣзненно-печальный?
Я знаю, отчего ты плачешь, мать моя!
Кто жизнь твою сгубилъ... о! знаю, знаю я!
Навѣки отдана угрюмому невѣждѣ—
Не предавалась ты несбыточной надеждѣ—
Тебя пугала мысль возстать противъ судьбы,
Ты жребій свой несла въ молчаніи рабы...
Но знаю: не была душа твоя безстрастна,
Она была горда, упорна и прекрасна,
И все, что вынести въ тебѣ достало силъ,
Предсмертный шопотъ твой губителю простилъ!
И ты, дѣлившая съ страдалицей безгласной
И горе, и позоръ судьбы ея ужасной,
Тебя ужъ также нѣтъ, сестра души моей!
Изъ дома крѣпостныхъ любовницъ и псарей

Гонимая стыдомъ, ты жребій свой вручила
Тому, котораго не знала, не любила...
Но, матери своей печальную судьбу
На свѣтѣ повторивъ, лежала ты въ гробу
Съ такой холодною и строгою улыбкой,
Что дрогнулъ самъ палачъ, заплакавшій ошибкой!
Вотъ сѣрый, старый домъ... Теперь онъ пустъ и глухъ:
Ни женщинъ, ни собакъ, ни гаеровъ, ни слугъ.
А встарь?... Но помню я: здѣсь что-то всѣхъ давило,
Здѣсь въ маломъ и въ большомъ тоскливо сердце ныло.
Я къ нянѣ убѣгалъ... Ахъ, няня! Сколько разъ
Я слезы лилъ о ней въ тяжелый сердцу часъ;
При имени ея впадая въ умиленье,
Давно ли чувствовалъ я къ ней благоговѣнье?
Ея безсмысленной и вредной доброты
На память мнѣ пришли немногія черты,
И грудь моя полна враждой и злостью новой...
Нѣтъ! въ юности моей, мятежной и суровой,
Отраднаго душѣ воспоминанья нѣтъ;
Всему, что, жизнь мою опутавъ съ первыхъ лѣтъ,
Проклятьемъ на меня легло неотразимымъ,—
Всему начало здѣсь, въ краю моемъ родимомъ!...
И, съ отвращеніемъ кругомъ кидая взоръ,
Съ отрадой вижу я, что срубленъ темный боръ—
Въ томящій лѣтній зной защита и прохлада,—
И нива выжжена, и праздно дремлетъ стадо,
Понуривъ голову надъ высохшимъ ручьемъ,
И на бокъ валится пустой и мрачный домъ,
Гдѣ вторилъ звону чашъ и гласу ликованій
Глухой и вѣчный гулъ подавленныхъ страданій,
И только тотъ одинъ, кто всѣхъ собой давилъ,
Свободно и дышалъ, и дѣйствовалъ, и жилъ...

74.

Ѣду ли ночью по улицѣ темной,
Бури-ль заслушаюсь въ пасмурный день—
Другъ беззащитный, больной и бездомный,
Вдругъ предо мной промелькнетъ твоя тѣнь!
Сердце сожмется мучительной думой...
Съ дѣтства судьба не взлюбила тебя:
Бѣденъ и золъ былъ отецъ твой угрюмый
Замужъ пошла ты—другого любя.

Мужъ тебѣ выпалъ недобрый на долю,
Съ бѣшенымъ нравомъ, съ тяжелой рукой;
Не покорилась—ушла ты на волю,
Да не на радость сошлась и со мной...
Помнишь ли день, какъ больной и голодный
Я унывалъ, выбивался изъ силъ?
Въ комнатѣ нашей, пустой и холодной,
Паръ отъ дыханья волнами ходилъ.

Помнишь ли трубъ заунывные звуки,
Брызги дождя, полусвѣтъ, полутьму?
Плакалъ твой сынъ, и холодныя руки
Ты согрѣвала дыханьемъ ему.
Онъ не смолкалъ—и пронзительно звонокъ
Былъ его крикъ... Становилось темнѣй;
Вдоволь поплакалъ и умеръ ребенокъ...
Бѣдная! слезъ безразсудныхъ не лей!

Съ горя да съ голоду, завтра мы оба
Также глубоко и сладко заснемъ;
Купитъ хозяинъ съ проклятьемъ три гроба,
Вмѣстѣ свезутъ и положатъ рядкомъ...
Въ разныхъ углахъ мы сидѣли угрюмо.
Помню, была ты блѣдна и слаба,

Зрѣла въ тебѣ сокровенная дума,
Въ сердцѣ твоемъ совершалась борьба.
Я задремалъ. Ты ушла молчаливо,
Принарядившись, какъ будто къ вѣнцу,
И черезъ часъ принесла торопливо
Гробикъ ребенку и ужинъ отцу.
Голодъ мучительный мы утолили,
Въ комнатѣ темной зажгли огонекъ,
Сына одѣли и въ гробъ положили...
Случай насъ выручилъ? Богъ ли помогъ?
Ты не спѣшила печальнымъ признаньемъ,
Я ничего не спросилъ,
Только мы оба глядѣли съ рыданьемъ,
Только угрюмъ и озлобленъ я былъ...
Гдѣ ты теперь? Съ нищетой горемычной
Злая тебя сокрушила борьба?
Или пошла ты дорогой обычной,
И роковая свершится судьба?
Кто-жъ защититъ тебя? Всѣ безъ изъятья
Именемъ страшнымъ тебя назовутъ,
Только во мнѣ шевельнутся проклятья—
И безполезно замрутъ!

75.

Пѣсня

Изъ «Медвѣжьей Охоты»

Отпусти меня, родная,
Отпусти, не споря!
Я не травка полевая,
Я взросла у моря.

Не рыбацкій парусъ малый—
Корабли мнѣ снятся...
Скучно! Въ этой жизни вялой
Дни такъ долго длятся.
Здѣсь, какъ въ клѣткѣ, заперта я,
Сонъ кругомъ глубокій,—
Отпусти меня, родная,
На просторъ широкій,
Гдѣ сама ты грудью бѣлой
Волны разсѣкала,
Гдѣ тебя я гордой, смѣлой,
Счастливой видала!
Ты не съ пѣснею побѣдной
Къ берегу пристала,
Но хоть часъ изъ жизни бѣдной
Торжество ты знала.
Пусть и я сломлюсь отъ горя,
Не жалѣй ты дочку!
Коли выростетъ у моря—
Не спастись цвѣточку.
Все равно! Сегодня счастье,
Завтра буря грянетъ,
Разыграется ненастье,
Вѣтеръ съ моря встанетъ,
Въ день одинъ песку нагонитъ
На прибрежный цвѣтикъ
И на вѣки похоронитъ...
Отпусти, мой свѣтикъ!...

76.

МАТЬ

Она была исполнена печали,
И между тѣмъ, какъ шумны и рѣзвы
Три отрока вокругъ нея играли,
Ея уста задумчиво шептали:
«Несчастные! зачѣмъ родились вы?
Пойдете вы дорогою прямою,
И вамъ судьбы своей не избѣжать!»
Не омрачай веселья ихъ тоскою,
Не плачь надъ ними, мученица-мать!
Но говори имъ съ молодости ранней:
Есть времена, есть цѣлые вѣка,
Въ которые нѣтъ ничего желанннѣй,
Прекраснѣе терноваго вѣнка...

77.

Изъ «Коробейниковъ»

Хорошо было дѣтинушкѣ
Сыпать ласковы слова,
Да трудненько Катеринушкѣ
Парня ждать до Покрова.
Часто въ ночку одинокую
Дѣвка часу не спала;
А какъ жала рожь высокую—
Слезы въ три ручья лила!
Извелась бы неутѣшная,
Кабы время горевать,
Да пора страдная, спѣшная—
Надо десять дѣлъ кончать.
Какъ ни часто приходилося
Молодицѣ не втерпёжъ:—

Подъ косой трава валилася,
Подъ серпомъ горѣла рожь.
Изо всей-то силы моченьки
Молотила по утрамъ,
Ленъ стлала до поздней ноченьки
По росистымъ по лугамъ.
Стелетъ ленъ, а неотвязная
Дума на сердцѣ лежитъ:
«Какъ другая дѣвка красная
Молодца приворожитъ?
Какъ измѣнитъ? Какъ засватаетъ
На чужой на сторонѣ?»
И у дѣвки сердце падаетъ...
— Ты женись, женись на мнѣ!
Ни тебѣ, ни свекру-батюшкѣ
Николи ни согрублю,
Отъ свекрови, твоей матушки,
Слово всякое стерплю.
Не дворянка, не купчиха я,
Да и нравомъ-то смирна,
Буду я невѣстка тихая,
Работящая жена.
Ты не нудь себя работою,
Силы мнѣ не занимать,
Я за милого съ охотою
Буду пашеньку пахать.
Ты живи себѣ гуляючи
За работницей женой,
По базарамъ разъѣзжаючи,
Веселися, пѣсни пой!
А вернешься съ торгу пьяненькій

Накормлю и уложу!
«Спи, пригожій, спи, румяненькій!»
Больше слова не скажу.
Видитъ Богъ, не осердилась бы...
Обрядила бы коня,
Да къ тебѣ и подвалилась бы:
— Поцѣлуй, дружокъ, меня!—
Думы дѣвичьи завѣтныя,
Гдѣ васъ всё-то угадать?
Легче камни самоцвѣтные
На днѣ моря сосчитать.
Ужъ овечка опушается,
Чуя близость холодовъ;
Катя пуще разгорается...
Вотъ и праздничекъ Покровъ!

78.   ПЛАЧЪ ДѢТЕЙ

Равнодушно слушая проклятья
Въ битвѣ съ жизнью гибнущихъ людей,
Изъ-за нихъ вы слышите ли, братья,
Тихій плачъ и жалобы дѣтей?

«Въ золотую пору малолѣтства
Все живое счастливо живетъ,
Не трудясь, съ ликующаго дѣтства
Дань забавъ и радости беретъ.
Только намъ гулять не довелося
По полямъ, по нивамъ золотымъ:
Цѣлый день на фабрикахъ колеса
Мы вертимъ—вертимъ—вертимъ!
Колесо чугунное вертится.
И гудитъ, и вѣтромъ обдаетъ,

Голова пылаетъ и кружится,
Сердце бьется, все кругомъ идетъ.
Красный носъ безжалостной старухи
Что за нами смотритъ сквозь очки,
По стѣнамъ гуляющія мухи,
Стѣны, окна, двери, потолки,—
Все и всѣ! Впадая въ изступленье,
Начинаемъ громко мы кричать:
—Погоди, ужасное круженье,
Дай намъ память слабую собрать!
Безполезно плакать и молиться,
Колесо не слышитъ, не щадитъ:
Хоть умри—проклятое вертится,
Хоть умри—гудитъ, гудитъ, гудитъ!
Гдѣ ужъ намъ, измученнымъ въ неволѣ,
Ликовать, рѣзвиться и скакать!
Если бъ насъ теперь пустили въ поле,
Мы въ траву попадали бы—спать.
Намъ домой скорѣй бы воротиться...
Но зачѣмъ идемъ мы и туда?
Сладко намъ и дома не забыться:
Встрѣтитъ насъ забота и нужда!
Тамъ, припавъ усталой головою
Къ груди блѣдной матери своей,
Зарыдавъ надъ ней и надъ собою,
Разорвемъ на части сердце ей...»

79.

Вырубка Лѣса

Изъ поэмы «Саша»

Сколько тутъ было кудрявыхъ березъ!...
Тамъ изъ-за старой нахмуренной ели
Красные грозды калины глядѣли,
Тамъ поднимался дубокъ молодой,
Птицы царили въ вершинѣ лѣсной,
По низу всякіе звѣри таились...
Вдругъ, мужики съ топорами явились!
Лѣсъ зазвенѣлъ, застоналъ, затрещалъ;
Заяцъ послушалъ и вонъ побѣжалъ,
Въ темную нору забилась лисица,
Машетъ крыломъ осторожнѣе птица,
Въ недоумѣньи тащатъ муравьи,
Что ни попало, въ жилища свои.
Съ пѣснями трудъ человѣка спорился:
Словно подкошенъ, осинникъ валился,
Съ трескомъ ломали сухой березнякъ,
Корчили съ корнемъ упорный дубнякъ,
Старую сосну сперва подрубали,
Послѣ арканомъ ее нагибали
И, поваливши, плясали на ней,
Чтобы къ землѣ прилегла поплотнѣй.
Такъ, побѣдивъ послѣ долгаго боя,
Врагъ уже мертваго топчетъ героя.
Много тутъ было печальныхъ картинъ:
Стономъ стонали верхушки осинъ;
Изъ перерубленной старой березы
Градомъ лилися прощальныя слезы
И пропадали, одна за другой,

Данью послѣдней на почвѣ родной.
Кончились поздно труды роковые:
Вышли на небо свѣтила ночныя,
И надъ поверженнымъ лѣсомъ луна
Остановилась, кругла и ясна.
Трупы деревьевъ недвижно лежали;
Сучья ломались, скрипѣли, трещали,
Жалобно листья шумѣли кругомъ.
Такъ, послѣ битвы, во мракѣ ночномъ
Раненый стонетъ, зоветъ, проклинаетъ...
Вѣтеръ надъ полемъ кровавымъ летаетъ—
Праздно лежащимъ оружьемъ звенитъ,
Волосы мертвыхъ бойцовъ шевелитъ!
Тѣни ходили по пнямъ бѣловатымъ,
Жидкимъ осинамъ, березамъ косматымъ;
Низко летали, вились колесомъ
Совы, шарахаясь о земь крыломъ;
Звонко кукушка вдали куковала
Да, какъ безумная, галка кричала,
Шумно летая надъ лѣсомъ... Но ей
Не отыскать неразумныхъ дѣтей!
Съ дерева комомъ галчата упали,
Желтые рты широко разѣвали,
Прыгали, злились... Наскучилъ ихъ крикъ—
И придавилъ ихъ ногою мужикъ.

80.

Несжатая Полоса

Поздняя осень. Грачи улетѣли,
Лѣсъ обнажился, поля опустѣли,
Только не сжата полоска одна...
Грустную думу наводитъ она.

Кажется, шепчутъ колосья другъ другу:
«Скучно намъ слушать осеннюю вьюгу
Скучно склоняться до самой земли,
Тучныя зерна купая въ пыли!
Насъ, что ни ночь, разоряютъ станицы
Всякой пролетной прожорливой птицы,
Заяцъ насъ топчетъ и буря насъ бьетъ.
Гдѣ же нашъ пахарь? Чего еще ждетъ?
Или мы хуже другихъ уродились?
Или не дружно цвѣли—колосились?
Нѣтъ! мы не хуже другихъ—и давно
Въ насъ налилось и созрѣло зерно.
Не для того же пахалъ онъ и сѣялъ,
Чтобы насъ вѣтеръ осенній развѣялъ?»
Вѣтеръ несетъ имъ печальный отвѣтъ:
Вашему пахарю моченьки нѣтъ.
Зналъ, для чего и пахалъ онъ, и сѣялъ,
Да не по силамъ работу затѣялъ.
Плохо бѣднягѣ—не ѣстъ и не пьетъ,
Червь ему сердце больное сосетъ;
Руки, что вывели борозды эти,
Высохли въ щепку, повисли какъ плети,
Очи потускли и голосъ пропалъ,
Что заунывную пѣсню пѣвалъ,
Какъ, на соху налегая рукою,
Пахарь задумчиво шелъ полосою!...

81. Изъ поэмы «Морозъ Красный-Носъ»

XXX

Не вѣтеръ бушуетъ надъ боромъ,
Не съ горъ побѣжали ручьи,
Морозъ-воевода дозоромъ
Обходитъ владѣнья свои.

Глядитъ—хорошо ли мятели
Лѣсныя тропы занесли,
И нѣтъ ли гдѣ трещины, щели,
И нѣтъ ли гдѣ голой земли?

Пушисты ли сосенъ вершины,
Красивъ ли узоръ на дубахъ?
И крѣпко ли скованы льдины
Въ великихъ и малыхъ водахъ?

Идетъ—по деревьямъ шагаетъ,
Трещитъ по замерзлой водѣ,
И яркое солнце играетъ
Въ косматой его бородѣ.

Дорога вездѣ чародѣю.
Чу! ближе подходитъ, сѣдой,
И вдругъ очутился надъ нею,
Надъ самой ея головой!

Забравшись на сосну большую,
По вѣточкамъ палицей бьетъ,
И самъ про себя удалую,
Хвастливую пѣсню поетъ:

XXXI

«Вглядись, молодица, смѣлѣе,
Каковъ воевода Морозъ!
Наврядъ тебѣ парня сильнѣе
И краше видать привелось?

«Мятели, снѣга и туманы
Покорны морозу всегда;
Пойду на моря-окіяны—
Построю дворцы изо-льда.

«Задумаю—рѣки большія
Надолго упрячу подъ гнетъ,
Построю мосты ледяные,
Какихъ не построитъ народъ.

«Гдѣ быстрыя, шумныя воды
Недавно свободно текли—
Сегодня прошли пѣшеходы,
Обозы съ товаромъ прошли.

«Люблю я въ глубокихъ долинахъ
Покойниковъ въ иней рядить,
И кровь вымораживать въ жилахъ,
И мозгъ въ головѣ леденить.

«На горе недоброму вору,
На страхъ сѣдоку и коню,
Люблю я въ вечернюю пору,
Затѣять въ лѣсу трескотню.

«Бабенки, пеняя на лѣшихъ,
Домой удираютъ скорѣй...
А пьяныхъ—и конныхъ, и пѣшихъ,
Дурачить еще веселѣй.

«Безъ мѣлу всю выбѣлю рожу,
А носъ запылаетъ огнемъ,
И бороду такъ приморожу
Къ возжамъ—хоть руби топоромъ!

«Богатъ я, казны не считаю,
А все не скудѣетъ добро;
Я царство мое убираю
Въ алмазы, жемчугъ, серебро.

«Войди въ мое царство со мною
И будь ты царицею въ немъ!
Процарствуемъ славно зимою,
А лѣтомъ глубоко уснемъ.

«Войди! приголублю, согрѣю,
Дворецъ отведу голубой...»
И сталъ воевода надъ нею
Махать ледяной булавой.

XXXII

«Тепло ли тебѣ, молодица?»
Съ высокой сосны ей кричитъ.
—Тепло! отвѣчаетъ вдовица,
Сама холодѣетъ, дрожитъ

Морозко спустился пониже,
Опять помахалъ булавой
И шепчетъ ей ласковѣй, тише:
«Тепло-ли?...»—Тепло, золотой!—

Тепло,—а сама коченѣетъ...
Морозко коснулся ея:
Въ лицо ей дыханіемъ вѣетъ
И иглы колючія сѣетъ
Съ сѣдой бороды на нее.

И вотъ передъ ней опустился,
«Тепло-ли?» промолвилъ опять,
И въ Проклушку вдругъ обратился
И сталъ онъ ее цѣловать.

Въ уста ее, въ очи и плечи
Сѣдой чародѣй цѣловалъ
И тѣ же ей сладкія рѣчи,
Что милый о свадьбѣ, шепталъ.

И такъ-то ли любо ей было
Внимать его сладкимъ рѣчамъ,
Что Дарьюшка очи закрыла,
Топоръ уронила къ ногамъ,

Улыбка у горькой вдовицы
Играетъ на блѣдныхъ губахъ,
Пушисты и блѣдны рѣсницы,
Морозныя иглы въ бровяхъ...

XXXIII

Въ сверкающій иней одѣта,
Стоитъ, холодѣетъ она;
И снится ей жаркое лѣто—
Не вся еще рожь свезена,

Но сжата,—полегче имъ стало!
Возили снопы мужики,
А Дарья картофель копала
Съ сосѣднихъ полосъ у рѣки.

Свекровь ея тутъ же, старушка,
Трудилась; на полномъ мѣшкѣ
Красивая Маша, рѣзвушка,
Сидѣла съ морковкой въ рукѣ.

Телѣга, скрипя, подъѣзжаетъ—
Савраска глядитъ на своихъ,
И Проклушка крупно шагаетъ
За возомъ сноповъ золотыхъ.

—Богъ помочь! А гдѣ же Гришуха?
Отецъ мимоходомъ сказалъ.
«Въ горохахъ», сказала старуха.
—Гришуха! отецъ закричалъ.

На небо взглянулъ.—Чай не рано?
Испить бы... Хозяйка встаетъ
И Проклу изъ бѣлаго жбана
Напиться кваску подаетъ.

Гришуха межъ тѣмъ отозвался:
Горохомъ опутанъ кругомъ,
Проворный мальчуга казался
Бѣгущимъ зеленымъ кустомъ.

—Бѣжитъ?... у!... бѣжитъ, пострѣленокъ,
Горитъ подъ ногами трава!
Гришуха черенъ, какъ галченокъ,
Бѣла лишь одна голова.

Крича, подбѣгаетъ въ присядку,
(На шеѣ горохъ хомутомъ)
Попотчивалъ баушку, матку,
Сестренку,—вертится вьюномъ!

Отъ матери молодцу ласка,
Отецъ мальчугана щипнулъ:
Межъ тѣмъ не дремалъ и Савраска:
Онъ шею тянулъ да тянулъ.

Добрался,—оскаливши зубы,
Горохъ аппетитно жуетъ.
И въ мягкія, добрыя губы
Гришухино ухо беретъ...

XXXIV

Машутка отцу закричала:
— Возьми меня, тятька, съ собой!
Спрыгнула съ мѣшка и—упала.
Отецъ ее поднялъ. «Не вой!

«Убилась—неважное дѣло!...
Дѣвчонокъ не надобно мнѣ,
Еще вотъ такого пострѣла
Рожай мнѣ, хозяйка, къ веснѣ!

«Смотри же»... Жена застыдилась:
— Довольно съ тебя одного!
(А знала, подъ сердцемъ ужъ билось
Дитя)... «Ну, Машукъ, ничего!»

И Проклушка, ставъ на телѣгу,
Машутку съ собой посадилъ.
Вскочилъ и Гришутка съ разбѣгу,
И съ грохотомъ возъ покатилъ.

Воробушковъ стая слетѣла
Съсноповъ, надъ телѣгой взвилась...
И Дарьюшка долго смотрѣла,
Отъ солнца рукой заслонясь.

Чу, пѣсня! знакомые звуки!
Хорошъ голосокъ у пѣвца...
Послѣдніе признаки муки
У Дарьи слетѣли съ лица,

Душой улетая за пѣсней,
Она отдалась ей вполнѣ...
Нѣтъ въ мірѣ той пѣсни прелестнѣй,
Которую слышимъ во снѣ!

О чемъ она—Богъ ее знаетъ!
Я словъ уловить не умѣлъ,
Но сердце она утоляетъ,
Въ ней дольняго счастья предѣлъ.

Въ ней кроткая ласка участья,
Обѣты любви безъ конца...
Улыбка довольства и счастья
У Дарьи не сходитъ съ лица.

XXXV

Какой бы цѣной ни досталось
Забвенье крестьянкѣ моей,
Что нужды? Она улыбалась.
Жалѣть мы не будемъ о ней.

Нѣтъ глубже, нѣтъ слаще покоя,
Какой посылаетъ намъ лѣсъ,
Недвижно, безтрепетно стоя
Подъ холодомъ зимнихъ небесъ.

Нигдѣ такъ глубоко и вольно
Не дышетъ усталая грудь,
И ежели жить намъ довольно,
Намъ слаще нигдѣ не уснуть!

XXXVI

Ни звука! Душа умираетъ
Для скорби, для страсти. Стоишь
И чувствуешь, какъ покоряетъ
Ее эта мертвая тишь.

Ни звука! И видишь ты синій
Сводъ неба, да солнце, да лѣсъ,
Въ серебряно-матовый иней
Наряженный, полный чудесъ,

Влекущій невѣдомой тайной,
Глубоко-безстрастный. . . Но вотъ
Послышался шорохъ случайный—
Вершинами бѣлка идетъ.

Комъ снѣгу она уронила
На Дарью, прыгнувъ по соснѣ.
А Дарья стояла и стыла
Въ своемъ заколдованномъ снѣ.

Ѳедоръ Ивановичъ Тютчевъ

1803-73

82.

Пошли Господь свою отраду
Тому, кто въ лѣтній жаръ и зной,
Какъ бѣдный нищій, мимо саду
Бредетъ по жаркой мостовой.

Кто смотритъ вскользь черезъ ограду
На тѣнь деревьевъ, злакъ долинъ,
На недоступную прохладу
Роскошныхъ свѣтлыхъ луговинъ.

Не для него гостепріимной
Деревья сѣнью разрослись,
Не для него, какъ облакъ дымный,
Фонтанъ на воздухѣ повисъ.

Лазурный гротъ, какъ изъ тумана,
Напрасно взоръ его манитъ,
И пыль росистая фонтана
Главы его не освѣжитъ.

Пошли Господь свою отраду
Тому, кто жизненной тропой,
Какъ бѣдный нищій, мимо саду
Бредетъ по знойной мостовой.

83.   БЕЗСОННИЦА

Часовъ однообразный бой,
Томительная ночи повѣсть!
Языкъ, для всѣхъ равно чужой
И внятный каждому, какъ совѣсть!

Кто безъ тоски внималъ изъ насъ,
Среди всемірнаго молчанья,
Глухія времени стенанья,
Пророчески прощальный гласъ?
Намъ мнится: міръ осиротѣлый
Неотразимый рокъ настигъ,
И мы, въ борьбѣ съ природой цѣлой,
Покинуты на насъ самихъ;
И наша жизнь стоитъ предъ нами,
Какъ призракъ на краю земли,
И съ нашимъ вѣкомъ и друзьями
Блѣднѣетъ въ сумрачной дали.
И новое младое племя,
Межъ тѣмъ, на солнцѣ расцвѣло,
А насъ, друзья, и наше время
Давно забвеньемъ занесло!
Лишь изрѣдка, обрядъ печальный
Свершая въ полуночный часъ,
Металла голосъ погребальный
Порой оплакиваетъ насъ!

84.   Сонъ на Морѣ

И море, и буря качали нашъ челнъ;
Я сонный, былъ преданъ всей прихоти волнъ—
И двѣ безпредѣльности были во мнѣ,
И мной своевольно играли онѣ.
Кругомъ, какъ кимвалы, звучали скалы,
И вѣтры свистѣли и пѣли валы.
Я въ хаосѣ звуковъ леталъ, оглушенъ;
Надъ хаосомъ звуковъ носился мой сонъ.

Болѣзненно-яркій, волшебно-нѣмой,
Онъ вѣялъ легко надъ гремящею тьмой.
Въ лучахъ огневицы развилъ онъ свой міръ:
Земля зеленѣла, свѣтился эѳиръ;
Сады, лабиринты, чертоги, столпы...
И чудился шорохъ несмѣтной толпы.
Я много узналъ мнѣ невѣдомыхъ лицъ,
Зрѣлъ тварей волшебныхъ, таинственныхъ птицъ
По высямъ творенья я гордо шагалъ,
И міръ подо мною недвижно сіялъ...
Сквозь грезы, какъ дикій волшебника вой,
Лишь слышался грохотъ пучины морской,
И въ тихую область видѣній и сновъ
Врывалася пѣна ревущихъ валовъ.

85.

Святая ночь на небосклонъ взошла
И день отрадный, день любезный,—
Какъ золотой покровъ, она свила,—
Покровъ, накинутый надъ бездной.
И, какъ видѣнье, внѣшній міръ ушелъ...
И человѣкъ, какъ сирота бездомный,
Стоитъ теперь, и немощенъ, и голъ,
Лицомъ къ лицу предъ этой бездной темной,
И чудится давно минувшимъ сномъ
Теперь ему все свѣтлое, живое,
И въ чуждомъ, неразгаданномъ ночномъ
Онъ узнаетъ наслѣдье роковое..

А. Фетъ
(Афанасій Афанасьевичъ Шеншинъ)

1820–92

86.

Я долго стоялъ неподвижно,
Въ далекія звѣзды вглядясь.
Межъ тѣми звѣздами и мною
Какая—то связь родилась.
Я думалъ... Не помню, что думалъ...
Я слушалъ таинственный хоръ,
И звѣзды тихонько дрожали,—
И звѣзды люблю я съ тѣхъ поръ.

87.

Облакомъ волнистымъ
Пыль встаетъ вдали;
Конный или пѣшій—
Не видать въ пыли!
Вижу: кто-то скачетъ
На лихомъ конѣ...
Другъ мой, другъ далекій,
Вспомни обо мнѣ!

88.

Шопотъ. Робкое дыханье.
Трели соловья.
Серебро и колыханье
Соннаго ручья.
Свѣтъ ночной. Ночныя тѣни,—
Тѣни безъ конца.

128

Рядъ волшебныхъ измѣненій
    Милаго лица.
Въ дымныхъ тучкахъ пурпуръ розы
    Отблескъ янтаря,
И лобзанія, и слезы,—
    И заря, заря!...

89.

Теплымъ вѣтромъ потянуло.
    Смолкъ далекій гулъ.
Поле тусклое уснуло,
    Гуртовщикъ уснулъ.
Въ загородкѣ улеглися
    И жуютъ волы.
Звѣзды чистыя зажглися
    По навѣсу мглы.
Только выше все всплываетъ
    Мѣсяцъ золотой,
Только стадо обѣгаетъ
    Песъ сторожевой.
Рѣдко-рѣдко кочевая
    Тучка броситъ тѣнь.
Неподвижная, нѣмая,
    Ночь свѣтла, какъ день.

90.

ТАЙНА

Почти ребенкомъ я была...
Всѣ любовались мной:
Мнѣ шли и кудри по плечамъ,
И фартучекъ цвѣтной.

Любила мать смотрѣть, какъ я
Молилась по утру,
Любила слушать, если я
Пѣвала ввечеру.
Чужой однажды посѣтилъ
Нашъ тихій уголокъ.
Онъ былъ такъ нѣженъ и уменъ,
Такъ строенъ и высокъ.
Онъ часто въ очи мнѣ глядѣлъ
И тихо руку жалъ,
И тайно глазъ мой голубой
И кудри цѣловалъ...
И, помню, стало мнѣ вокругъ
При немъ все такъ свѣтло,
И стало мутно въ головѣ
И на сердцѣ тепло.
Летѣли дни,—промчался годъ,—
Насталъ послѣдній часъ,—
Ему шепнула что-то мать,
И онъ оставилъ насъ.
И долго-долго мнѣ пришлось
И плакать и грустить,
Но я боялася о немъ
Кого-нибудь спросить.
Однажды, вижу,—милый гость,
Припавъ къ устамъ моимъ,
Мнѣ говоритъ—«Не бойся, другъ,
Я для другихъ незримъ.»
И съ этихъ поръ онъ снова мой,
Въ объятіяхъ моихъ,
И страстно, крѣпко онъ меня
Цѣлуетъ при другихъ.

А. ФЕТЪ

Всѣ говорятъ, что яркій цвѣтъ
Ланитъ моихъ—больной. . .
Имъ не узнать, какъ жарко ихъ
Цѣлуетъ милый мой!

91.

Степь Вечеромъ

Клубятся тучи, млѣя въ блескѣ аломъ,
Хотятъ въ росѣ понѣжиться поля.
Въ послѣдній разъ за третьимъ переваломъ
Пропалъ ямщикъ, звеня и не пыля.

Нигдѣ жилья не видно на просторѣ.
Вдали огня иль пѣсни—и не ждешь:
Все степь да степь. Безбрежная, какъ море,
Волнуется и наливаетъ рожь.

За облакомъ до половины скрыта,
Луна свѣтить еще не смѣетъ днемъ.
Вотъ жукъ взлетѣлъ и прожужжалъ сердито,
Вотъ лунь проплылъ, не шевеля крыломъ.

Покрылись нивы сѣтью золотистой,
Тамъ перепелъ откликнулся вдали.
И, слышу я, въ изложинѣ росистой
Вполголоса скрипятъ коростели.

Ужъ сумракомъ пытливый взоръ обманутъ.
Среди тепла прохладой стало дуть.
Луна чиста. Вотъ съ неба звѣзды глянутъ—
И, какъ рѣка, засвѣтить млечный путь.

92.

Я пришелъ къ тебѣ съ привѣтомъ—
Разсказать, что солнце встало,
Что оно горячимъ свѣтомъ
По листамъ затрепетало,

А. ФЕТЪ

Разсказать, что лѣсъ проснулся,
Весь проснулся, вѣткой каждой,
Каждой птицей встрепенулся
И весенней полонъ жаждой...
Разсказать, что съ той же страстью,
Какъ вчера, пришелъ я снова,
Что душа все также счастью
И тебѣ служить готова;
Разсказать, что отовсюду
На меня весельемъ вѣетъ,
Что не знаю самъ, что буду
Пѣть,—но только пѣсня зрѣетъ...

93.

На стогѣ сѣна ночью южной
Лицомъ ко тверди я лежалъ,
И хоръ свѣтилъ, живой и дружный,
Кругомъ, раскинувшись, дрожалъ.

Земля, какъ смутный сонъ нѣмая,
Безвѣстно уносилась прочь,
И я, какъ первый житель рая,
Одинъ въ лицо увидѣлъ ночь.

Я-ль несся къ безднѣ полунощной,
Иль сонмы звѣздъ ко мнѣ неслись?
Казалось, будто въ длани мощной
Надъ этой бездной я повисъ.

И съ замираньемъ и смятеньемъ
Я взоромъ мѣрилъ глубину,
Въ которой съ каждымъ я мгновеньемъ
Все невозвратнѣе тону.

94.

Майская Ночь

Отсталыхъ тучъ надъ нами пролетаетъ
    Послѣдняя толпа.
Прозрачный ихъ отрѣзокъ мягко таетъ
    У луннаго серпа.
Царитъ весны таинственная сила
    Съ звѣздами на челѣ...
Ты, нѣжная! Ты счастье мнѣ сулила
    На суетной землѣ,—
А счастье гдѣ? Не здѣсь, въ средѣ убогой,
    А вонъ оно, какъ дымъ...
За нимъ, за нимъ воздушною дорогой,—
    И въ вѣчность улетимъ!

95.

Alter Ego

Какъ лилея глядится въ нагорный ручей,
Ты стояла надъ первою пѣсней моей;
И была ли при этомъ побѣда, и чья,
У ручья ль отъ цвѣтка, у цвѣтка ль отъ ручья?...

Ты душою младенческой все поняла,
Что мнѣ высказать тайная сила дала,
И хоть жизнь безъ тебя суждено мнѣ влачить,
Но мы вмѣстѣ съ тобой, насъ нельзя разлучить!

Та трава, что вдали на могилѣ твоей,
Здѣсь на сердцѣ, чѣмъ старѣ оно, тѣмъ свѣжѣй;
И я знаю, взглянувши на звѣзды порой,
Что взирали на нихъ мы, какъ боги съ тобой.

У любви есть слова, тѣ слова не умрутъ;
Насъ съ тобой ожидаетъ особенный судъ:
Онъ съумѣетъ насъ сразу въ толпѣ различить,
И мы вмѣстѣ придемъ, насъ нельзя разлучить!

Аполлонъ Николаевичъ Майковъ

1821—97

96.   ЛАСТОЧКИ

Мой садъ съ каждымъ днемъ увядаетъ,
Помятъ онъ, поломанъ и пустъ,
Хоть пышно еще доцвѣтаетъ
Настурцій въ немъ огненный кустъ...
Мнѣ грустно! Меня раздражаетъ
И солнца осенняго блескъ,
И листъ, что съ березы спадаетъ,
И позднихъ кузнечиковъ трескъ.
Взгляну-ль по привычкѣ подъ крышу—
Пустое гнѣздо надъ окномъ;
Въ немъ ласточекъ рѣчи не слышу,
Солома обвѣтрилась въ немъ...
А помню я, какъ хлопотали
Двѣ ласточки, строя его,
Какъ прутики глиной скрѣпляли
И пуху таскали въ него.
Какъ веселъ былъ трудъ ихъ, какъ ловокъ!
Какъ любо имъ было, когда
Пять маленькихъ, быстрыхъ головокъ
Выглядывать стали съ гнѣзда!
И цѣлый-то день говоруньи,
Какъ дѣти, вели разговоръ...

Потомъ полетѣли, летуньи!
Я мало ихъ видѣлъ съ тѣхъ поръ.
И вотъ ихъ гнѣздо одиноко!
Онѣ ужъ въ иной сторонѣ—
Далеко, далеко, далеко...
О, если бы крылья и мнѣ!

97.
Сѣнокосъ

Пахнетъ сѣномъ надъ лугами...
Въ пѣснѣ душу веселя,
Бабы съ граблями, рядами
Ходятъ, сѣно шевеля.

Тамъ сухое убираютъ;
Мужички его, кругомъ,
На́ возъ вилами кидаютъ...
Возъ ростетъ, ростетъ, какъ домъ!

Въ ожиданьи конь убогій,
Точно вкопанный, стоитъ...
Уши врозь, дугою ноги,
И, какъ будто, стоя спитъ...

Только жучка удалая
Въ рыхломъ сѣнѣ, какъ въ волнахъ,
То взлетая, то ныряя,
Скачетъ, лая впопыхахъ.

98.

Поле зыблется цвѣтами...
Въ небѣ льются свѣта волны...
Вешнихъ жаворонковъ пѣнья
Голубыя бездны полны.

Взоръ мой тонетъ въ блескѣ полдня...
Не видать пѣвцовъ за свѣтомъ...

Такъ надежды молодыя
Тѣшатъ сердце мнѣ привѣтомъ.
    И откуда раздаются
Голоса ихъ, я не знаю...
Но, имъ внемля, взоры къ небу,
Улыбаясь, обращаю.

99.   Подъ Дождемъ

Помнишь: мы не ждали ни дождя, ни грома—
Вдругъ засталъ насъ ливень далеко отъ дома,
Мы спѣшили скрыться подъ мохнатой елью...
Не было конца тутъ страху и веселью!
Дождикъ лилъ сквозь солнце, и подъ елью мшистой
Мы стояли, точно въ клѣткѣ золотистой;
По землѣ вокругъ насъ точно жемчугъ прыгалъ;
Капли дождевыя, скатываясь съ иголъ,
Падали, блистая, на твою головку,
Или съ плечъ катились прямо подъ снуровку...
Помнишь—какъ все тише смѣхъ нашъ становился...
Вдругъ надъ нами прямо громъ перекатился!
Ты ко мнѣ прижалась, въ страхѣ очи жмуря...
Благодатный дождикъ! Золотая буря!

Яковъ Петровичъ Полонскій

1819–98

100.   У Аспазіи

                    гость

Что-бъ это значило?—Вижу, сегодня ты
    Домъ свой, какъ храмъ, убрала:
Между колоннъ занавѣски приподняты,
    Благоухаетъ смола;

Цитра настроена, свитки разбросаны;
    У посыпающихъ полъ
Смуглыхъ рабынь твоихъ косы расчесаны,
    Ставятъ амфоры на столъ.
Ты же блѣдна,—словно всѣми забытая,
    Молча стоишь у дверей?

АСПАЗІЯ

Площадь отсюда видна мнѣ, покрытая
    Тѣнью сквозныхъ галлерей...
Шумъ ея замеръ, и это молчаніе
    Въ полдень такъ странно, что вновь
Сердце мнѣ мучитъ тоска ожиданія,
    Радость, тревога, любовь.
Буйныхъ Аѳинъ тишину изучила я:
    Это Периклъ говоритъ...
Если блѣдна и молчитъ его милая,
    Значитъ—весь городъ молчитъ!
Чу! шумъ на площади... рукоплесканія...
    Друга вѣнчаетъ народъ...
Но и въ лавровомъ вѣнкѣ изъ собранія
    Онъ къ этой двери придетъ!

101.   ИНАЯ ЗИМА

Я помню, какъ дѣтьми съ румяными щеками
По снѣгу хрупкому мы бѣгали съ тобой,
Насъ добрая зима косматыми руками
Ласкала и къ огню сгоняла насъ клюкой.
А позднимъ вечеромъ твои сіяли глазки
И на тебя глядѣлъ изъ печки огонекъ,

А няня старая намъ сказывала сказки,
О томъ, какъ жилъ да былъ на свѣтѣ дурачекъ.

Но та зима ушла отъ насъ съ улыбкой Мая,
И лѣтній жаръ простылъ—и вотъ, заслыша вой
Осенней бури, къ намъ идетъ зима иная—
Зима бездушная,—и ужъ грозитъ клюкой...
А няня старая ужъ ножки протянула—
И спитъ себѣ въ гробу, и даже не глядитъ,
Какъ ты, усталая, къ моей груди прильнула,
Какъ будто слушаешь, что сердце говоритъ.
А сердце въ эту ночь, какъ няня, къ дѣтской ласкѣ
Неравнодушное, раздуло огонекъ
И на ушко тебѣ разсказываетъ сказки
О томъ, какъ жилъ да былъ на свѣтѣ дурачекъ.

102.   ВСТРѢЧА

Вчера мы встрѣтились: она остановилась,
Я также... Мы въ глаза другъ другу посмотрѣли...
О, Боже! какъ она съ тѣхъ поръ перемѣнилась,
Въ глазахъ потухъ огонь и щеки поблѣднѣли.
И долго на нее глядѣлъ я, молча, строго...
Мнѣ руку протянувъ, бѣдняжка улыбнулась...
Я говорить хотѣлъ; она же ради Бога
Велѣла мнѣ молчать и тутъ же отвернулась,
И брови сдвинула, и выдернула руку
И молвила: «Прощайте, до свиданья!»
А я хотѣлъ сказать: на вѣчную разлуку
Прощай, погибшее, но милое созданье!...

103.   АНГЕЛЪ

Любилъ я тихій свѣтъ лампады золотой,
Благоговѣйное вокругъ нея молчанье,
И, тайнаго исполненъ ожиданья,
Какъ часто я, откинувъ пологъ свой,
Не спалъ, на мягкій пухъ облокотясь рукою,
И думалъ: въ эту ночь хранитель-ангелъ мой
Прійдетъ ли въ тишинѣ бесѣдовать со мною?
И мнилось мнѣ: на ложе, близъ меня,
Въ сіяньи трепетномъ лампаднаго огня,
Въ блѣдно-серебряномъ сидѣлъ онъ одѣяньи...
И тихо, шепотомъ я повѣрялъ ему
И мысли, дѣтскому доступныя уму,
И сердцу дѣтскому доступныя желанья.
Мнѣ сладокъ былъ покой въ его лучахъ;
Я весь проникнутъ былъ божественною силой.
Съ улыбкою на пламенныхъ устахъ
Задумчиво внималъ мнѣ свѣтлокрылый;
Но очи кроткія его глядѣли въ даль,
Они грядущее въ душѣ моей читали,
И отражалась въ нихъ какая-то печаль...
И ангелъ говорилъ: «Дитя, тебя мнѣ жаль!
Дитя, поймешь ли ты слова моей печали?»
Душой младенческой я ихъ не понималъ,
Края одеждъ его ловилъ и цѣловалъ,
И слезы радости въ очахъ моихъ сверкали.

104.

Вижу-ль я, какъ во храмѣ смиренно она
Передъ образомъ Дѣвы, Царицы небесной, стоитъ—
Такъ молиться лишь можетъ святая одна...
И болитъ мое сердце, болитъ!
Вижу-ль я, какъ на балѣ сверкаетъ она
Пожирающимъ взглядомъ, горящимъ румянцемъ ла-
нитъ—
Такъ надменно блеститъ лишь одинъ сатана...
И болитъ мое сердце, болитъ!
И молю я Владычицу Дѣву, скорбя:
Ниспошли ей, Владычица Дѣва, терновый вѣнокъ,
Чтобъ, ее за страданья, за слезы любя,
Я ее ненавидѣть не могъ.
И зову я къ тебѣ, сатана: оглуши,
Ослѣпи ты ее! Подари ей блестящій вѣнокъ,
Чтобъ, ее ненавидя всей силой души,
Я любить ее больше не могъ.

Иванъ Саввичъ Никитинъ

1824–61

105.　　　Ночь

Одѣлося сумракомъ поле. На темной лазури сверкаетъ
Гряда облаковъ разноцвѣтныхъ. Блѣднѣя, заря по-
тухаетъ.
Вотъ вспыхнули яркія звѣзды на небѣ, одна за другой,
И мѣсяцъ надъ лѣсомъ сосновымъ поднялся, какъ щитъ
золотой;
Извивы рѣки серебристой межъ зеленью луга блеснули;
Вокругъ тишина и безлюдье: и поле, и берегъ уснули;

Лишь мельницы старой колеса, алмазъ разсыпая, шу-
      мятъ,

Да съ вѣтромъ волнистыя нивы, Богъ знаетъ о чемъ,
      говорятъ.

На кольяхъ, вдоль берега вбитыхъ, растянуты мокрыя
      сѣти;

Вотъ бѣдный шалашъ рыболова, гдѣ вечеромъ рѣзвыя
      дѣти

Играютъ трепещущей рыбой и ищутъ въ травѣ водяной

Улитокъ и маленькихъ камней, обточенныхъ синей
      волной;

Какъ лебеди, бѣлыя тучи надъ полемъ плывутъ кара-
      ваномъ,

Надъ чистой рѣкою спятъ ивы, одѣтыя легкимъ тума-
      номъ,

И, къ свѣтлымъ струямъ наклонившись, сквозь чуткій
      прерывистый сонъ,

Тростникъ молчаливо внимаетъ таинственной музыкѣ
      волнъ.

106.   УТРО

Звѣзды меркнутъ и гаснутъ. Въ огнѣ облака.
      Бѣлый паръ по лугамъ разстилается.

По зеркальной водѣ, по кудрямъ лозняка
      Отъ зари алый свѣтъ разливается.

Дремлетъ чуткій камышъ. Тишь, безлюдье вокругъ.
      Чуть примѣтна тропинка росистая.

Кустъ задѣнешь плечомъ,—на лицо тебѣ вдругъ
      Съ листьевъ брызнетъ роса серебристая.

Потянулъ вѣтерокъ,—воду морщитъ, рябитъ;
      Понеслись утки съ шумомъ и скрылися.

Далеко, далеко колокольчикъ звенитъ,
    Рыбаки въ шалашѣ пробудилися.
Сняли сѣти съ шестовъ, весла къ лодкамъ несутъ...
    А востокъ все горитъ, разгорается,
Птички солнышка ждутъ, птички пѣсни поютъ:
    И стоитъ себѣ лѣсъ, улыбается.
Вотъ и солнце встаетъ, изъ-за пашенъ блеститъ,
    За морями ночлегъ свой покинуло;
На поля, на луга, на макушки ракитъ
    Золотыми потоками хлынуло.
Ѣдетъ пахарь съ сохой, ѣдетъ—пѣсню поетъ:
    По плечу молодцу все тяжелое...
Не боли ты, душа! Отдохни отъ заботъ!
    Здравствуй, солнце да утро веселое!

107.

    Вырыта заступомъ яма глубокая...
Жизнь невеселая, жизнь одинокая,
Жизнь безпріютная, жизнь терпѣливая,
Жизнь, какъ осенняя ночь, молчаливая—
Горько она, моя бѣдная, шла
И, какъ степной огонекъ, замерла.
    Что-же? Усни, моя доля суровая!
Крѣпко закроется крышка сосновая,
Плотно сырою землею придавится,
Только однимъ человѣкомъ убавится...
Убыль его никому не больна,
Память о немъ никому не нужна!...
    Вотъ она—слышится пѣснь беззаботная—
Гостья погоста, пѣвунья залетная,

Въ воздухѣ синемъ на волѣ купается;
Звонкая пѣснь серебромъ разсыпается
Тише!... О жизни поконченъ вопросъ—
Больше не нужно ни пѣсенъ, ни слезъ!

Гр. Алексѣй Константиновичъ Толстой
1817–75

108.

Ой, стоги, стоги,
На лугу широкомъ,
Васъ не перечесть,
Не окинуть окомъ!

Ой, стоги, стоги,
Въ зеленомъ болотѣ,
Стоя на часахъ,
Что́ вы стережете?

— Добрый человѣкъ,
Были мы цвѣтами,
Покосили насъ
Острыми косами.

Раскидали насъ
Посрединѣ луга,
Раскидали врозь,
Далѣ другъ отъ друга.

Отъ лихихъ гостей
Нѣтъ намъ обороны,
На главахъ у насъ
Черныя воро́ны.

На главахъ у насъ,
Затмѣвая звѣзды,
Галокъ стая вьетъ
Поганыя гнѣзда.

Ой, орелъ, орелъ,
Нашъ отецъ далекій,
Опустися къ намъ,
Грозный, свѣтлоокій!

Ой, орелъ, орелъ,
Внемли нашимъ стонамъ!
Долѣ насъ срамить
Не давай воронамъ!

Накажи скорѣй
Ихъ высокомѣрье,
Съ неба въ нихъ ударь,
Чтобъ летѣли перья,

Чтобъ летѣли врозь,
Чтобъ въ степи широкой
Вѣтеръ ихъ разнесъ
Далёко, далёко!

109.

Западъ гаснетъ въ дали блѣдно-розовой,
Звѣзды небо усѣяли чистое,
Соловей свищетъ въ рощѣ березовой,
И травою запахло душистою.

ГР. АЛЕКСѢЙ КОНСТАНТИНОВИЧЪ ТОЛСТОЙ

Знаю, чтó къ тебѣ въ думушку вкралося
Знаю сердца немолчныя жалобы,
Не хочу я, чтобъ ты притворялася
И къ улыбкѣ себя принуждала бы.

Твое сердце болитъ безотрадное,
Въ немъ не свѣтитъ звѣзда ни единая—
Плачь свободно, моя ненаглядная,
Пока пѣсня звучитъ соловьиная,

Соловьиная пѣсня унылая,
Что какъ жалоба катится слезная,
Плачь, душа моя, плачь, моя милая,
Тебя небо лишь слушаетъ звѣздное!

110.

Горними тихо летѣла душа небесами,
Грустныя долу она опускала рѣсницы;
Слезы, въ пространство отъ нихъ упадая звѣздами,
Свѣтлой и длинной вилися за ней вереницей.

Встрѣчныя тихо ее вопрошали свѣтила:
Что ты грустна? и о чемъ эти слезы во взорѣ?
Имъ отвѣчала она: я земли не забыла,
Много оставила тамъ я страданья и горя.

Здѣсь я лишь ликамъ блаженства и радости внемлю,
Праведныхъ души не знаютъ ни скорби, ни злобы—
О, отпусти меня снова, Создатель, на землю,
Было-бъ о комъ пожалѣть и утѣшить кого бы.

III.

Ты помнишь ли вечеръ, какъ море шумѣло,
Въ шиповникѣ пѣлъ соловей,
Душистыя вѣтки акаціи бѣлой
Качались на шляпѣ твоей?

Межъ камней, обросшихъ густымъ виноградомъ,
Дорога была такъ узка;
Въ молчаньи надъ моремъ мы ѣхали рядомъ,
Съ рукою сходилась рука!

Ты такъ на сѣдлѣ нагибалась красиво,
Ты алый шиповникъ рвала;
Буланой лошадки косматую гриву
Съ любовью ты имъ убрала;

Одежды твоей непослушныя складки
Цѣплялись за вѣтви, а ты
Безпечно смѣядась—цвѣты на лошадкѣ,
Въ рукахъ и на шляпѣ цвѣты.

Ты помнишь ли ревъ дождевого потока
И пѣну и брызги кругомъ?
И какъ наше горе казалось далёко,
И какъ мы забыли о немъ!

112.

Слушая повѣсть твою, полюбилъ я тебя, моя радость!
Жизнью твоею я жилъ и слезами твоими я плакалъ!
Мысленно вмѣстѣ съ тобой прострадалъ я минувшіе годы,
Все перечувствовалъ вмѣстѣ съ тобой, и печаль и на-
дежды,

Многое больно мнѣ было, во многомъ тебя упрекнулъ я;
Но позабыть не хочу ни ошибокъ твоихъ ни страданій;
Дóроги мнѣ твои слезы, и дорого каждое слово!
Бѣдное вижу въ тебѣ я дитя, безъ отца, безъ опоры!
Рано познала ты горе, обманъ и людское злословье,
Рано подъ тяжестью бѣдъ твои преломилися силы!
Бѣдное ты деревцо, поникшее долу головкой!
Ты прислонися ко мнѣ, деревцо, къ зеленому вязу:
Ты прислонися ко мнѣ, я стою надежно и прочно!

113.

    Ты помнишь ли, Марія,
Одинъ старинный домъ
И липы вѣковыя
Надъ дремлющимъ прудомъ?

    Безмолвныя аллеи,
Заглохшій, старый садъ,
Въ высокой галлереѣ
Портретовъ длинный рядъ?

    Ты помнишь ли, Марія,
Вечерній небосклонъ,
Равнины полевыя,
Села далекій звонъ?

    За садомъ берегъ чистый,
Спокойный бѣгъ рѣки,
На нивѣ золотистой
Степные васильки?

И рощу, гдѣ впервые
Бродили мы одни?
Ты помнишь ли, Марія,
Утраченные дни?

114.

Осень! Обсыпается весь нашъ бѣдный садъ,
Листья пожелтѣлые пó-вѣтру летятъ.
Лишь вдали красуются, тамъ на днѣ долинъ,
Кисти ярко-красныя вянущихъ рябинъ.
Весело и горестно сердцу моему,
Молча твои рученьки грѣю я и жму,
Въ очи тебѣ глядючи, молча, слезы лью,
Не умѣю высказать, кáкъ тебя люблю!

115.

Средь шумнаго бала, случайно,
Въ тревогѣ мірской суеты,
Тебя я увидѣлъ, но тайна
Твои покрывала черты;

Лишь очи печально глядѣли,
А голосъ такъ дивно звучалъ,
Какъ звонъ отдаленной свирѣли,
Какъ моря играющій валъ.

Мнѣ станъ твой понравился тонкій
И весь твой задумчивый видъ,
А смѣхъ твой, и грустный и звонкій,
Съ тѣхъ поръ въ моемъ сердцѣ звучитъ.

Въ часы одинокіе ночи
Люблю я, усталый, прилечь;
Я вижу печальныя очи,
Я слышу веселую рѣчь,

И грустно я такъ засыпаю,
И въ грезахъ невѣдомыхъ сплю...
Люблю ли тебя, я не знаю—
Но кажется мнѣ, что люблю!

116.

По греблѣ неровной и тряской,
Вдоль мокрыхъ рыбачьихъ сѣтей,
Дорожная ѣдетъ коляска,
Сижу я задумчиво въ ней;

Сижу и смотрю я дорогой
На сѣрый и пасмурный день,
На озера берегъ отлогій,
На дальній дымокъ деревень.

По греблѣ, со взглядомъ угрюмымъ,
Проходитъ оборванный жидъ;
Изъ озера съ пѣной и шумомъ
Вода черезъ греблю бѣжитъ;

Тамъ мальчикъ играетъ на дудкѣ,
Забравшись въ зеленый тростникъ;
Въ испугѣ взлетѣвшія утки
Надъ озеромъ подняли крикъ;

Близъ мельницы старой и шаткой
Сидятъ на травѣ мужики;
Телѣга съ разбитой лошадкой
Лѣниво подвозитъ мѣшки...

Мнѣ кажется все такъ знакомо,
Хоть не былъ я здѣсь никогда:
И крыша далекаго дома,
И мальчикъ, и лѣсъ, и вода,

И мельницы говоръ унылый,
И ветхое въ полѣ гумно,
Все это когда-то ужъ было,
Но мною забыто давно.

Такъ точно ступала лошадка,
Такіе жъ тащила мѣшки;
Такіе жъ у мельницы шаткой
Сидѣли въ травѣ мужики;

И такъ же шелъ жидъ бородатый
И такъ же шумѣла вода—
Все это ужъ было когда-то,
Но только не помню когда...

117.   ТРОПАРЬ

Какая сладость въ жизни сей
Земной печали не причастна?
Чье ожиданье не напрасно,
И гдѣ счастливый межъ людей?
Все то превратно, все ничтожно,
Что мы съ трудомъ пріобрѣли—

Какая слава на земли
Стоитъ тверда и непреложна?
Все пепелъ, призракъ, тѣнь и дымъ,
Исчезнетъ все, какъ вихорь пыльный
И передъ смертью мы стоимъ
И безоружны и безсильны.
Рука могучаго слаба,
Ничтожны царскія велѣнья—
Прійми усопшаго раба,
Господь, въ блаженныя селенья!

Какъ ярый витязь смерть нашла
Меня, какъ хищникъ низложила,
Свой зѣвъ разинула могила
И все житейское взяла.
Спасайтесь, сродники и чада,
Изъ гроба къ вамъ взываю я.
Спасайтесь, братья и друзья,
Да не узрите пламень ада!
Вся жизнь есть царство суеты,
И, дуновенье смерти чуя,
Мы увядаемъ какъ цвѣты—
Почто же мы мятемся всуе?
Престолы наши суть гроба,
Чертоги наши разрушенье—
Прійми усопшаго раба,
Господь, въ блаженныя селенья!

Средь груды тлѣющихъ костей
Кто царь, кто рабъ, судья иль воинъ?
Кто царства Божія достоинъ,
И кто отверженный злодѣй?

О, братья, гдѣ сребро и злато,
Гдѣ сонмы многіе рабовъ?
Среди невѣдомыхъ гробовъ
Кто есть убогій, кто богатый?
Все пепелъ, дымъ, и пыль, и прахъ,
Все призракъ, тѣнь и привидѣнье—
Лишь у Тебя, на небесахъ,
Господь, и пристань и спасенье!
Исчезнетъ все, чтó было плоть,
Величье наше будетъ тлѣнье—
Пріими усопшаго, Господь,
Въ Твои блаженныя селенья!

И Ты, предстательница всѣмъ,
И Ты, заступница скорбящимъ,
Къ Тебѣ о братѣ, здѣсь лежащемъ,
Къ Тебѣ, Святая, вопіемъ!
Моли божественнаго Сына,
Его, Пречистая, моли,
Дабы отжившій на земли
Оставилъ здѣсь свои кручины!
Все пепелъ, прахъ, и дымъ, и тѣнь,
О, други, призраку не вѣрьте!
Когда дохнетъ въ нежданный день
Дыханье тлительное смерти,
Мы всѣ поляжемъ какъ хлѣба,
Серпомъ подрѣзанные въ нивахъ—
Пріими усопшаго раба,
Господь, въ селеніяхъ счастливыхъ!

Иду въ незнаемый я путь,
Иду межъ страха и надежды;

Мой взоръ угасъ, остыла грудь,
Не внемлетъ слухъ, сомкнуты вѣжды;
Лежу безгласенъ, недвижимъ,
Не слышу братскаго рыданья,
И отъ кадила синій дымъ
Не мнѣ струитъ благоуханье:
Но вѣчнымъ сномъ пока я сплю,
Моя любовь не умираетъ,
И ею, братья, васъ молю,
Да каждый къ Господу взываетъ:
Господь! Въ тотъ день, когда труба
Вострубитъ міра преставленье—
Прійми усопшаго раба
Въ Твои блаженныя селенья!

118.

То было раннею весной,
Трава едва всходила,
Ручьи текли, не парилъ зной,
И зелень рощъ сквозила;

Труба пастушья поутру
Еще не пѣла звонко,
И въ завиткахъ еще въ бору
Былъ папоротникъ тонкій;

То было раннею весной,
Въ тѣни березъ то было,
Когда съ улыбкой предо мной
Ты очи опустила...

То на любовь мою въ отвѣтъ
Ты опустила вѣжды—
О, жизнь! о, лѣсъ! о, солнца свѣтъ!
О, юность! о, надежды!

И плакалъ я передъ тобой,
На ликъ твой глядя милый,—
То было раннею весной,
Въ тѣни березъ то было!

То было въ утро нашихъ лѣтъ—
О, счастіе! о, слезы!
О, лѣсъ! о, жизнь! о, солнца свѣтъ!
О, свѣжій духъ березы!

119.

У приказныхъ воротъ собирался народъ
      Густо;
Говоритъ въ простотѣ, что въ его животѣ
      Пусто.
— Дурачье! Сказалъ дьякъ, изъ васъ долженъ быть всякъ
      Въ тѣлѣ:
Еще въ думѣ вчера мы съ трудомъ осетра
      Съѣли.

На базаръ мужикъ везъ черезъ рѣку обозъ
      Пакли;
Мужичокъ-то, вишь, простъ; знай, везетъ черезъ
мостъ—
      Такъ ли?

—Вишь дуракъ! Сказалъ дьякъ, тебѣ мостъ, чай, пу-
      стякъ,
            Дудки?
Ты-бъ его поберегъ; вѣдь плыли-жъ поперекъ
            Утки.

Какъ у Васьки Волчка воръ стянулъ гусака,
            Вишь ты.
Въ полотенце свернулъ, да поймалъ караулъ,
            Ништо.
Дьякъ сказалъ: Дурачье! Полотенце-то чье?
            Васьки?
Стало, Васька и татъ. Стало, Васькѣ и дать
            Таску.

Пришелъ къ дьяку больной, говоритъ: Ой, ой, ой,
            Дьяче!
Очень больно нутру, а ужъ вотъ поутру
            Паче.
И не лечь, и не сѣсть, и не можно мнѣ съѣсть
            Столько.
— Вишь дуракъ! Сказалъ дьякъ, ну не ѣшь натощакъ
            Только.

Пришелъ къ дьку истецъ, говоритъ: Ты отецъ
            Бѣдныхъ.
Кабы ты мнѣ помогъ—видишь денегъ мѣшокъ
            Мѣдныхъ—
Я-бъ те всыпалъ, ей-ей, въ шапку десять рублей,
            Шутка.
— Сыпь сейчасъ. Сказалъ дьякъ, подставляя колпакъ,
            Нутка

Н. Минскій

(Николай Максимовичъ Виленкинъ)

1855—

120.   Въ Горахъ

Здѣсь тучи родятся. На горы взирая,
Здѣсь учится вѣтеръ лѣпить облака.
Отсюда они, какъ изъ стана войска,
Всю землю воюютъ отъ края до края.
И прежде чѣмъ въ дальній умчаться походъ,
Здѣсь часто вкругъ солнца сбираются тучи
И строятся чинно,—и взадъ, и впередъ
Безстрашно шагаютъ чрезъ бездны и кручи.
Вотъ, въ пурпуръ одѣтый промчался отрядъ,
Вотъ, въ сизыхъ доспѣхахъ идутъ исполины...
Все небо въ движеньи, зарницы горятъ,
И солнце, какъ вождь, озираетъ дружины.

121.

Какъ сонъ пройдутъ дѣла и помыслы людей:
Забудется герой, истлѣетъ мавзолей—
        И вмѣстѣ въ общій прахъ сольются.
И мудрость, и любовь, и знанья, и права,
Какъ съ аспидной доски ненужныя слова,
        Рукой невѣдомой сотрутся.
И ужъ не тѣ слова подъ тою же рукой,
Далеко отъ земли, застывшей и нѣмой,
        Возникнутъ вновь загадкой блѣдной.
И снова свѣтъ блеснетъ, чтобъ стать добычей тьмы,
И кто-то будетъ жить не такъ, какъ жили мы,
        Но такъ, какъ мы, умретъ безслѣдно.

И невозможно намъ предвидѣть и понять,
Въ какія формы Духъ одѣнется опять,
      Въ какихъ созданьяхъ воплотится.
Быть можетъ изъ всего, что будитъ въ насъ любовь,
На той звѣздѣ ничто не повторится вновь...
      Но есть одно, что повторится.
Лишь то, что мы теперь считаемъ празднымъ сномъ,
Тоска неясная о чемъ-то неземномъ,
      Куда-то смутныя стремленья,
Вражда къ тому, что есть, предчувствій робкій свѣтъ
И жажда жгучая святынь, которыхъ нѣтъ,—
      Одно лишь это чуждо тлѣнья...
Въ какихъ бы образахъ и гдѣ бы средь міровъ
Ни вспыхнулъ мысли свѣтъ, какъ лучъ средь облаковъ,
      Какія-бъ существа ни жили,
Но будутъ рваться въ даль они, подобно намъ,
Изъ праха своего къ несбыточнымъ мечтамъ,
      Грустя душой, какъ мы грустили.
И потому не тотъ безсмертенъ на землѣ,
Кто превзошелъ другихъ въ добрѣ или во злѣ,
      Кто славы хрупкія скрижали
Наполнилъ повѣстью, безцѣльною, какъ сонъ,
Предъ кѣмъ толпы людей—такой же прахъ, какъ онъ—
      Благоговѣли, иль дрожали.
Но всѣхъ безсмертнѣй тотъ, кому сквозь прахъ земли
Какой-то новый міръ мерещился вдали,
      Не существующій и вѣчный,
Кто цѣли неземной такъ жаждалъ и страдалъ,
Что силой жажды самъ себѣ миражъ создалъ
      Среди пустыни безконечной!

С. Я. Надсонъ

1862—87

122.

Не говорите мнѣ: онъ умеръ,—онъ живетъ;
Пусть жертвенникъ разбитъ—огонь еще пылаетъ,
Пусть роза сорвана—она еще цвѣтетъ,
Пусть арфа сломана—аккордъ еще рыдаетъ.

123.

Снова лунная ночь, только лунная ночь на чужбинѣ.
Весь облитъ серебромъ потонувшій въ туманѣ заливъ;
Синихъ горъ полукругъ наклонился къ цвѣтущей долинѣ,
И чуть дышетъ листва кипарисовъ, и пальмъ, и оливъ.
Я ушелъ бы бродить,—и бродить, и дышать ароматомъ,
Я-бъ на взморье ушелъ, гдѣ волна за волною шумитъ,
Гдѣ спускается берегъ кремнистымъ сверкающимъ ска-
     томъ,
И жемчужная пѣна каменья его серебритъ;
Да не тянетъ меня красота этой чудной природы,
Не зоветъ эта даль, не пьянитъ этотъ воздухъ морской,
И какъ узникъ въ тюрьмѣ жаждетъ свѣта и жаждетъ
     свободы,
Такъ я жажду отчизны, отчизны моей дорогой!...

124.   Изъ Дневника

Сегодня всю ночь голубыя зарницы
Мерцали надъ жаркою грудью земли;
И мчались разорванныхъ тучъ вереницы,
И мчались, и тяжко сходились вдали...

С. Я. НАДСОНЪ

Душна была ночь,—такъ душна, что порою
Во мглѣ становилось дышать тяжело;
И сердце стучало, и знойной волною
Кипѣвшая кровь ударяла въ чело...
Отъ сонныхъ черемухъ, осыпанныхъ цвѣтомъ
И сыпавшихъ цвѣтомъ, какъ бѣлымъ дождемъ,
Съ невнятною лаской, съ весеннимъ привѣтомъ,
Струился томительный запахъ кругомъ.
И словно какая-то тайна свершалась
Въ торжественномъ мракѣ глубокихъ аллей
И сладкими вздохами грудь волновалась,
И страсть, трепеща, разгоралася въ ней...
Всю ночь пробродилъ я, всю ночь до разсвѣта,
Обвѣянный чарами нѣги и грезъ;
И страстно я жаждалъ родного привѣта,
И женскихъ объятій, и радостныхъ слезъ...
Какъ волны, давно позабытые звуки
Нахлынули въ душу, пылая огнемъ.
И отклика ждали въ затишьи ночномъ...

А демонъ мой,—демонъ тоски и сомнѣнья,
Не спалъ... Онъ шепталъ мнѣ:—«Ты помнишь о томъ,
Какъ гордо давалъ ты обѣтъ отреченья
Отъ радостей жизни—для битвы со зломъ?
Куда-жъ онѣ скрылись, прекрасныя грезы?
Стыдись—вѣдь горячія слезы твои
О счастьѣ и ласкѣ—позорныя слезы,—
Въ нихъ жажда забвенья и жажда любви!...»

Да, смѣйся, мой демонъ, но грезы былого
Не трогай язвительнымъ смѣхомъ своимъ!...

Ты смѣйся надъ тѣмъ, что я сердца больного
Еще не осилилъ сознаньемъ святымъ,
Что мнѣ еще тяжки борьба и ненастья,
Что трудно порою мнѣ спорить съ тобой,
Что мнѣ, малодушному, хочется счастья,
Какъ путнику тѣни—въ томительный зной...

Но знай, что я твердо созналъ, что покуда
Такъ душны покровы ночной темноты,
Такъ много на свѣтѣ бездольнаго люда,—
О личномъ блаженствѣ постыдны мечты.
И знаю я твердо, что скоро съ тобою
Я слажу, мой демонъ, изгнавъ тебя прочь,
И сердце, какъ встарь, не сожмется тоскою,
Тоскою о счастьи въ весеннюю ночь!...

125.

Окрыленнымъ мечтой сладкозвучнымъ стихомъ
Никогда не игралъ я отъ скуки.
Только то что грозой пронеслось надъ челомъ,
Выливалъ я въ покорные звуки.

Какъ недугомъ я каждою пѣснью болѣлъ,
Каждой творческой думой терзался;
И нерѣдко пѣвца благодатный удѣлъ
Не посильнымъ крестомъ мнѣ казался.

И нерѣдко клялся я навѣкъ замолчать,
Что бъ съ толпою въ забвеніи слиться,—
Но Эолова арфа должна зазвучать,
Если вихрь по струнамъ ея мчится.

И не властенъ весною гремучій ручей
Со скалы не свергаться къ долинѣ,
Если солнце потоками жгучихъ лучей
Растопило снѣга на вершинѣ!...

Алексѣй Николаевичъ Апухтинъ

1841–93

126.

Ночи безумныя, ночи безсонныя,
Рѣчи несвязныя, взоры усталые...
Ночи, послѣднимъ огнемъ озаренныя,
Осени мертвой цвѣты запоздалые!
Пусть даже время рукой безпощадною
Мнѣ указало, что было въ васъ ложнаго,—
Все же лечу я къ вамъ памятью жадною,
Въ прошломъ отвѣта ищу невозможнаго!
Вкрадчивымъ шепотомъ вы заглушаете
Звуки дневные несносные, шумные,
Въ тихую ночь вы мой сонъ отгоняете,
Ночи безсонныя, ночи безумныя...

127.   ПРОСЕЛОКЪ

По Руси великой, безъ конца, безъ края,
Тянется дорожка, узкая, кривая,
Чрезъ лѣса да рѣки, по лугамъ, по нивамъ,
Все бѣжитъ куда-то шагомъ торопливымъ.
И чудесъ хоть мало встрѣтишь той дорогой,
Но мнѣ милъ и близокъ видъ ея убогій,
Утро ли займется на небѣ румяномъ,
Вся она росою блещетъ подъ туманомъ;

Вѣтерокъ разноситъ изъ поляны сонной
Скошеннаго сѣна запахъ благовонный;
Все молчитъ, все дремлетъ—въ утреннемъ покоѣ
Только ржи мелькаетъ море золотое,
И куда ни глянешь освѣженнымъ взоромъ,
Отовсюду вѣетъ тишью да просторомъ.

На гору-ль въѣзжаешь, за горой селенье
Съ церковью зеленой видно въ отдаленьи.
Ни садовъ, ни рѣчки; въ рощѣ невысокой
Липа да орѣшникъ разрослись широко,
А вдали, надъ прудомъ, высится плотина...
Бѣдная картина! Милая картина!...

Вотъ навстрѣчу бодро мужичокъ шагаетъ,
Съ дикимъ воплемъ стадо путь перебѣгаетъ;
Жарко... День, краснѣя, всходитъ понемногу...
Скоро на большую выѣдемъ дорогу.

Тамъ стоятъ ракиты, по порядку, чинно,
Тянутся обозы вереницей длинной,
Изъ столицъ идетъ тамъ всякая новинка...
Тамъ ты и заглохнешь, русская тропинка!

    По Руси великой, безъ конца, безъ края,
Тянется дорожка, узкая, кривая.
На большую съѣхалъ: впереди застава,
Сзади пыль да версты... Смотришь, а направо
Снова вьется путь мой лентою узорной,—
Тотъ же прихотливый, тотъ же непокорный!

Константинъ Константиновичъ
Случевскій

1837–1904

128.   БАНДУРИСТЪ

На Украйнѣ жилъ когда-то,
Тѣломъ бодръ и сердцемъ чистъ,
Старый дѣдъ, слѣпецъ маститый,
Сѣдовласый бандуристъ.

Въ черной шапкѣ, въ сѣрой свиткѣ
И съ бандурой на ремнѣ,
Много лѣтъ ходилъ онъ въ людяхъ
По родимой сторонѣ.

Жемчугъ—слово, чудо—пѣсни
Сыпалъ вѣщій съ языка;
Ныли струны на бандурѣ
Подъ рукою старика.

Много онъ улыбокъ ясныхъ,
Много вызвать слезъ умѣлъ,
И, что птица Божья, пѣсни,
Гдѣ присѣлось, тамъ и пѣлъ,

Онъ на пѣсню душу отдалъ,
Пѣсней тѣло прокормилъ;
Родился онъ безымяннымъ,
Безымяннымъ опочилъ…

Мертвъ казакъ! Но пѣсни живы—
Всѣ ихъ знаютъ, всѣ поютъ!
Ихъ знакомыя созвучья
Сами такъ-вотъ къ сердцу льнутъ!

Къ темной ночкѣ засыпая,
Дѣти, будущій народъ,
Слышатъ, какъ онъ издалека
Въ пѣснѣ матери поетъ...

129.

По небу быстро поднимаясь,
Навстрѣчу мчась одна къ другой,
Двѣ тучи, медленно свиваясь,
Готовы ринуться на бой!

Темны, какъ участь близкой брани,
Небесныхъ ратниковъ полки,
Подъяты по вѣтру ихъ длани
И рѣжутъ воздухъ шишаки!

Сквозятъ ихъ мрачныя забрала
Отъ блеска пламенныхъ очей...
Какъ-будто въ небѣ мѣста мало,
И разойтись въ немъ нѣтъ путей?

130.   Подлѣ Сельской Церкви

Свѣвая пыль съ цвѣтовъ раскрытыхъ,
Семья полуночныхъ вѣтровъ,
Несетъ въ пылинкахъ, тьмой повитыхъ,
Разсаду будущихъ цвѣтовъ.

Въ работѣ робкой и безмолвной,
Людскому глазу невидна,
Жизнь сыплетъ всюду горстью полной
Свои живыя сѣмена.

Теряясь въ каменныхъ наростахъ
Гробницъ, дряхлѣющихъ въ гербахъ,

Они плодятся на погостахъ—
И у крестовъ, и на крестахъ.

   Кругомъ цвѣты! Цвѣтамъ нѣтъ счета!
И, мнится, сквозь движенья ихъ
Стремятся къ свѣту изъ-подъ гнета
Былыя силы душъ людскихъ.

   Онѣ идутъ—свои печали
На вешнемъ солнцѣ освѣтить,
Мечтать, о чемъ не домечтали,
Любить, какъ думали любить . . .

Владимірь Сергѣевичъ Соловьевъ

1853–1900

131.   Сонъ на Яву

   Лазурное око
Сквозь мрачно нависшія тучи. . .
   Ступая глубоко
По снѣжной пустынѣ сыпучей,
   Къ загадочной цѣл
   Иду одиноко.
   За мной только ели,
   Кругомъ лишь далеко
Раскинулась озера ширь въ своемъ бѣломъ уборѣ
И вслухъ тишина говоритъ мнѣ: «Нежданное сбудется
        вскорѣ!»
   Лазурное око
   Опять потонуло въ туманѣ;
   Въ тоскѣ одинокой
   Блѣднѣетъ надежда свиданій. . .
   Печальныя ели
   Темнѣютъ вдали безъ движенья,

Пустыня безъ цѣли
И путь безъ стремленья...
И голосъ все тотъ-же звучитъ, въ тишинѣ, безъ укора
«Конецъ уже близокъ; нежданное сбудется скоро!»

Константинъ Димитріевичъ Бальмонтъ

1867-

132.　　МЕЖЪ ПОДВОДНЫХЪ СТЕБЛЕЙ

Хорошо межъ подводныхъ стеблей.
Блѣдный свѣтъ. Тишина. Глубина.
Мы замѣтимъ лишь тѣнь кораблей,
И до насъ не доходитъ волна.

Неподвижные стебли глядятъ,
Неподвижные стебли растутъ,
Какъ спокоенъ зеленый ихъ взглядъ,
Какъ они безтревожно цвѣтутъ.

Безглагольно глубокое дно,
Безъ шуршанья морская трава.
Мы любили когда-то, давно,
Мы забыли земныя слова.

Самоцвѣтные камни. Песокъ.
Молчаливые призраки рыбъ.
Міръ страстей и страданій далекъ.
Хорошо, что я въ морѣ погибъ!

133.　　　ЗАВѢТЪ БЫТІЯ

Я спросилъ у свободнаго Вѣтра:
Что мнѣ сдѣлать, чтобъ быть молодымъ?
Мнѣ отвѣтилъ играющій Вѣтеръ:
«Будь воздушнымъ, какъ вѣтеръ, какъ дымъ!»

Я спросилъ у могучаго Моря,
Въ чемъ великiй завѣтъ бытiя.
Мнѣ отвѣтило звучное Море:
«Будь всегда полнозвучнымъ, какъ я!»
Я спросилъ у высокаго Солнца,
Какъ мнѣ вспыхнуть свѣтлѣе зари.
Ничего не отвѣтило Солнце,
Но душа услыхала: «Гори!»

134. УТРО

На вершинѣ горной коршунъ прокричалъ.
Вѣтеръ этотъ возгласъ до меня домчалъ,
Я развѣтъ весеннiй не одинъ встрѣчалъ.
Солнце протянуло острые лучи,
И они зардѣли, ярко горячи,
И отъ нихъ запѣли горные ключи.
О, какъ много силы и любви вокругъ,
О, какъ нѣжно млѣетъ этотъ горный лугъ,
Я съ тобой душою, мой далекiй другъ.
Я гляжу въ долину съ горной высоты,
Въ мысляхъ, полныхъ страсти, расцвѣли цвѣты,
Въ этомъ мiрѣ—Солнце, въ этомъ сердцѣ—ты.

Валерiй Яковлевичъ Брюсовъ

1873–

135. ОРФЕЙ И ЭВРИДИКА

ОРФЕЙ

Слышу, слышу шагъ твой нѣжный,
Шагъ твой слышу за собой,
Мы идемъ тропой мятежной,
Къ жизни мертвенной тропой.

ВАЛЕРІЙ ЯКОВЛЕВИЧЪ БРЮСОВЪ

ЭВРИДИКА

Ты—ведешь, мнѣ—быть покорной,
Я должна итти, должна...
Но на взорахъ—облакъ черный,
Черной смерти пелена.

ОРФЕЙ

Выше! выше! всѣ ступени,
Къ звукамъ, къ свѣту, къ солнцу вновь!
Тамъ со взоровъ стаютъ тѣни,
Тамъ, гдѣ ждетъ моя любовь!

ЭВРИДИКА

Я не смѣю, я не смѣю,
Мой супругъ, мой другъ, мой братъ!
Я лишь легкой тѣнью вѣю,
Ты лишь тѣнь ведешь назадъ.

ОРФЕЙ

Вѣрь мнѣ! вѣрь мнѣ! у порога
Встрѣтишь ты, какъ я, весну!
Я, заклявшій лирой—бога,
Пѣсней жизнь въ тебя вдохну!

ЭВРИДИКА

Ахъ, что значатъ всѣ напѣвы
Знавшимъ тайну тишины!
Что весна,—кто видѣлъ сѣвы
Асфоделевой страны!

ОРФЕЙ

Вспомни, вспомни! лугъ зеленый,
Радость пѣсенъ, радость пляскъ!

Вспомни, въ ночи—потаенный
Сладко жгучій ужасъ ласкъ!

ЭВРИДИКА

Сердце—мертво, грудь—недвижна,
Что вручу объятью я?
Помню сны,—но непостижна,
Другъ мой бѣдный, рѣчь твоя.

ОРФЕЙ

Ты не помнишь! ты забыла!
Ахъ! я помню каждый мигъ!
Нѣтъ, не сможетъ и могила
Затемнить въ мнѣ твой ликъ!

ЭВРИДИКА

Помню счастье, другъ мой бѣдный,
И любовь, какъ тихій сонъ...
Но во тьмѣ, во тьмѣ безслѣдной
Блѣдный ликъ твой затемненъ...

ОРФЕЙ

—Такъ смотри!—И смотритъ дико,
Вспять, во мракъ пустой, Орфей,
—Эвридика! Эвридика!—
Стонутъ отзвуки тѣней.

136.

АДАМЪ И ЕВА

ЕВА

Адамъ! Адамъ! Приникни ближе,
Прильни ко мнѣ, Адамъ! Адамъ!
Свисаютъ вѣтви ниже, ниже,
Плоды склоняются къ устамъ.

ВАЛЕРІЙ ЯКОВЛЕВИЧЪ БРЮСОВЪ

АДАМЪ

Приникни ближе, Ева! Ева!
Темно. Откуда темнота?
Свисаютъ вѣтви справа, слѣва,
Плоды вонзаются въ уста.

ЕВА

Адамъ! Адамъ! кто вѣтви клонитъ?
Кто клонитъ, слабую, меня?
Въ пѣвучихъ волнахъ тѣло тонетъ,
Твои касанья—изъ огня!

АДАМЪ

Что жжетъ дыханье, Ева! Ева!
Едва могу взглянуть, вздохнуть...
Что это: плодъ, упавшій съ древа,
Иль то твоя живая грудь?

ЕВА

Адамъ, Адамъ я вся безвольна...
Гдѣ ты, гдѣ я?... все—сонъ иль явь?
Адамъ! Адамъ! мнѣ больно, больно!
Пусти меня—оставь! оставь!

АДАМЪ

Такъ надо, надо, Ева! Ева!
Я—твой! Я—твой! Молчи! Молчи!
О, какъ сквозь вѣтви, справа, слѣва,
Потокомъ ринулись лучи!

ЕВА

Адамъ! Адамъ! мнѣ стыдно свѣта!
О, что ты сдѣлалъ? Что со мной?

Ты позабылъ слова запрета
Уйди! Уйди! дай быть одной!

АДАМЪ

Какъ плодъ сорвалъ я, Ева, Ева?
Какъ раздавить его я могъ?
О вотъ онъ, знакъ Святого Гнѣва,
Текущій красный, красный сокъ!

137.   ДВА ГОЛОСА

ПЕРВЫЙ

Гдѣ ты? гдѣ ты, милый?
Наклонись ко мнѣ.
Призракъ темнокрылый
Мнѣ грозилъ во снѣ.
Я была безвольна
Въ сумракѣ безъ дня...
Сердце билось больно...

ДРУГОЙ

Кто зоветъ меня?

ПЕРВЫЙ

Ты зачѣмъ далеко?
Темный воздухъ пустъ.
Губы одиноко
Ищутъ милыхъ устъ.
Почему на ложѣ
Нѣтъ тебя со мной?
Гдѣ ты? кто ты? кто же?

ДРУГОЙ

Въ склепѣ я—съ тобой!

ПЕРВЫЙ

Саваномъ одѣты
Руки, плечи,—прочь!
Милый, свѣтлый, гдѣ ты?
Насъ вѣнчаетъ ночь.
Жажду повторять я
Милыя слова.
Гдѣ-жъ твои объятья?

ДРУГОЙ

Развѣ ты жива?

ПЕРВЫЙ

И сквозь тьму нѣмую
Вижу—близко ты.
Наклонясь, цѣлую
Милыя черты.
Иль во тьмѣ забылъ ты
Про любовь свою?
Любишь, какъ любилъ ты?

ДРУГОЙ

Понялъ. Мы—въ раю.

Иванъ Алексѣевичъ Бунинъ

1870-

138.   ВЕСЕННЯЯ ГРОЗА

То разростаясь, то слабѣя,
Громъ за усадьбой грохоталъ,
Шумѣла тополей аллея.
На стекла сумракъ набѣгалъ.
Все ниже тучи наплывали;
Все ощутительнѣй, свѣжѣй

Порывы вѣтра обвѣвали
Дождемъ и запахомъ полей.
Въ поляхъ хлѣба къ межамъ клонились...
А изъ лощинъ и изъ садовъ—
Отвсюду съ вѣтромъ доносились
Напѣвы раннихъ соловьевъ.
Но вотъ, по тополямъ и кленамъ
Холодный вихорь пролетѣлъ...
Сухой бурьянъ зашелестѣлъ,
Окно захлопнулось со звономъ.
Блеснула молнія огнемъ...
И вдругъ надъ самой крышей дома
Раздался трескъ короткій грома
И тяжкій грохотъ... Все кругомъ
Затихло сразу и глубóко,
Садъ потемнѣвшій присмирѣлъ,—
И благодатно, и широко
Весенній ливень зашумѣлъ.

Александръ Александровичъ Блокъ

1880–1921

39.   НЕЗНАКОМКА

По вечерамъ надъ ресторанами
Горячій воздухъ дикъ и глухъ,
И правитъ окриками пьяными
Весенній и тлетворный духъ.

Вдали, надъ пылью переулочной,
Надъ скукой загородныхъ дачъ,
Чуть золотится крендель булочный
И раздается дѣтскій плачъ.

И каждый вечеръ, за шлагбаумами,
Заламывая котелки,
Среди канавъ гуляютъ съ дамами
Испытанные остряки.

Надъ озеромъ скрипятъ уключины,
И раздается женскій визгъ,
А въ небѣ, ко всему пріученный,
Безсмысленно кривится дискъ.

И каждый вечеръ другъ единственный
Въ моемъ стаканѣ отраженъ
И влагой терпкой и таинственной,
Какъ я, плѣненъ и оглушенъ.

А рядомъ у сосѣднихъ столиковъ
Лакеи сонные торчатъ,
И пьяницы съ глазами кроликовъ
" In vino veritas!" кричатъ.

И каждый вечеръ, въ часъ назначенный
(Иль это только снится мнѣ)
Дѣвичій станъ, шелками схваченный,
Въ туманномъ движется окнѣ.

И медленно, пройдя межъ пьяными,
Всегда безъ спутниковъ, одна,
Дыша духами и туманами,
Она садится у окна.

И вѣютъ древними повѣрьями
Ея упругіе шелка,
И шляпа съ траурными перьями,
И въ кольцахъ узкая рука.

И странной близостью закованный
Смотрю за темную вуаль,
И вижу берегъ очарованный
И очарованную даль.

Глухія тайны мнѣ поручены,
Мнѣ чье-то солнце вручено,
И всѣ души моей излучины
Пронзило терпкое вино.

И перья страуса склоненныя
Въ моемъ качаются мозгу,
И очи синія бездонныя
Цвѣтутъ на дальнемъ берегу.

Въ моей душѣ лежитъ сокровище,
И ключь порученъ только мнѣ!
Ты право, пьяное чудовище!
Я знаю: истина въ винѣ.

140.

ТѢНИ НА СТѢНѢ

Вотъ прошелъ король съ зубчатымъ
   Пляшущимъ вѣнцомъ.

Шутъ прошелъ въ плащѣ крылатомъ
   Съ круглымъ бубенцомъ.

Дамы съ шлейфами, пажами
   Въ розовыхъ тѣняхъ.

Рыцарь съ темными цѣпями
   На стальныхъ рукахъ.

Ахъ, къ походкѣ вашей, рыцарь,
Шелъ бы длинный мечъ!

Подъ забраломъ вашимъ, рыцарь,
Нѣжный взоръ желанныхъ встрѣчъ!

Ахъ, пѣтушій гребень, рыцарь,
Вашъ украсилъ шлемъ!

Ахъ, скажите, милый рыцарь,
Вы пришли зачѣмъ?

Къ нашимъ сказкамъ, милый рыцарь,
Приклоните слухъ...

Эти розы, милый рыцарь,
Подарилъ мнѣ другъ.

Эти розаны—мнѣ, рыцарь,
Милый другъ принесъ...

Ахъ, вы сами въ сказкѣ, рыцарь!
Вамъ не надо розъ...

141.

Все это было, было, было,
Свершился дней круговоротъ.
Какая ложь, какая сила
Тебя, прошедшее, вернетъ?

Въ часъ утра чистый и хрустальный,
У стѣнъ Московскаго Кремля,
Восторгъ души первоначальный
Вернетъ ли мнѣ моя земля?

Иль въ ночь на Пасху, надъ Невою,
Подъ вѣтромъ, въ стужу, въ ледоходъ—
Старуха нищая клюкою
Мой трупъ спокойный шевельнетъ?

Иль на возлюбленной полянѣ
Подъ шелестъ осени сѣдой
Мнѣ тѣло въ дождевомъ туманѣ
Расклюетъ коршунъ молодой?

Иль просто въ часъ тоски беззвѣздной,
Въ какихъ-то четырехъ стѣнахъ,
Съ необходимостью желѣзной
Усну на бѣлыхъ простыняхъ?

Иль въ новой жизни, непохожей,
Забуду прежнюю мечту,
И буду также помнить дожей,
Какъ ныньче помню Калиту?

Но вѣрю—не пройдетъ безслѣдно
Все, что такъ страстно я любилъ,
Весь трепетъ этой жизни бѣдной,
Весь этотъ непонятный пылъ.

142.   На Полѣ Куликовомъ

I

Рѣка раскинулась. Течетъ, груститъ лѣниво
 И моетъ берега.
Надъ скудной глиной желтаго обрыва
 Въ степи грустятъ стога.

О, Русь моя! Жена моя! До боли
    Намъ ясенъ долгій путь!
Нашъ путь—стрѣлой татарской древней воли
    Пронзилъ намъ грудь.

Нашъ путь—степной, нашъ путь—въ тоскѣ безбрежной,
    Въ твоей тоскѣ, о Русь!
И даже мглы—ночной и зарубежной—
    Я не боюсь.

Пусть ночь. Домчимся. Озаримъ кострами
    Степную даль.
Въ степномъ дыму блеснетъ святое знамя
    И ханской сабли сталь. . .

И вѣчный бой. Покой намъ только снится
    Сквозь кровь и пыль. . .
Летитъ, летитъ степная кобылица
    И мнетъ ковыль. . .

И нѣтъ конца! Мелькаютъ версты, кручи. . .
    Останови!
Идутъ, идутъ испуганныя тучи,
    Закатъ въ крови.

Закатъ въ крови! Изъ сердца кровь струится!
    Плачь, сердце, плачь. . .
Покоя нѣтъ! Степная кобылица
    Несется вскачь!

II

Мы, самъ другъ, надъ степью въ полночь стали:
Не вернуться, не взглянуть назадъ.

АЛЕКСАНДРЪ АЛЕКСАНДРОВИЧЪ БЛОКЪ

За Непрядвой лебеди кричали,
И опять, опять они кричатъ. . .

На пути—горючій бѣлый камень.
За рѣкой—поганая орда.
Свѣтлый стягъ надъ нашими полками
Не взыграетъ больше никогда.

И къ землѣ склонившись головою,
Говоритъ мнѣ другъ:—Остри свой мечъ,
— Чтобъ не даромъ биться съ татарвою,
— За святое дѣло мертвымъ лечь!

Я—не первый воинъ, не послѣдній,
Долго будетъ родина больна.
Помяни-жъ за раннею обѣдней
Мила друга, свѣтлая жена!

III

Въ ночь, когда Мамай залегъ съ ордою
    Степи и мосты,
Въ темномъ полѣ были мы съ тобою.—
    Развѣ знала Ты?

Передъ Дономъ темнымъ и зловѣщимъ,
    Средь ночныхъ полей,
Слышалъ я Твой голосъ сердцемъ вѣщимъ
    Въ крикахъ лебедей.

Съ полуночи тучей возносилась
    Княжеская рать,
И вдали, вдали о стремя билась,
    Голосила мать.

И чертя круги, ночныя птицы
    Рѣяли вдали.
А надъ Русью тихія зарницы
    Князя стерегли.

Орлій клекотъ надъ татарскимъ станомъ
    Угрожалъ бѣдой,
А Непрядва убралась туманомъ,
    Что княжна фатой.

И съ туманомъ надъ Непрядвой спящей,
    Прямо на меня,
Ты сошла въ одеждѣ свѣтъ струящей,
    Не спугнувъ коня.

Серебромъ волны блеснула другу
    На стальномъ мечѣ.
Освѣжила пыльную кольчугу
    На моемъ плечѣ.

И когда на утро, тучей черной,
    Двинулась орда,
Былъ въ щитѣ Твой ликъ нерукотворный
    Свѣтелъ навсегда.

IV

Опять съ вѣковою тоскою
Пригнулись къ землѣ ковыли.
Опять за туманной рѣкою
Ты кличешь меня издали. . .

Умчались, пропали безъ вѣсти
Степныхъ кобылицъ табуны,
Развязаны дикія страсти
Подъ игомъ ущербной луны.

АЛЕКСАНДРЪ АЛЕКСАНДРОВИЧЪ БЛОКЪ

И я съ вѣковою тоскою
Какъ волкъ подъ ущербной луной,
Не знаю, что дѣлать съ собою,
Куда мнѣ летѣть за тобой!

Я слушаю рокоты сѣчи
И трубные крики татаръ,
Я вижу надъ Русью далече
Широкій и тихій пожаръ.

Объятый тоскою могучей,
Я рыщу на бѣломъ конѣ. . .
Встрѣчаются вольныя тучи
Во мглистой ночной вышинѣ.

Вздымаются свѣтлыя мысли
Въ растерзанномъ сердцѣ моемъ,
И падаютъ свѣтлыя мысли
Сожженныя темнымъ огнемъ. . .

— Явись мое дивное диво.
— Быть свѣтлымъ меня научи.
Вздымается конская грива. . .
За вѣтромъ взываютъ мечи. . .

V

И мглою бѣдъ неотразимыхъ
Грядущій день заволокло.

Вл. Соловьевъ.

Опять надъ полемъ Куликовымъ
Взошла и расточилась мгла,
И словно облакомъ суровымъ
Грядущій день заволокла.

За тишиною непробудной,
За разливающейся мглой
Не слышно грома битвы чудной
Не видно молньи боевой.

Но узнаю тебя, начало
Высокихъ и мятежныхъ дней.
Надъ вражьимъ станомъ, какъ бывало,
И плескъ, и трубы лебедей.

Не можетъ сердце жить покоемъ,
Не даромъ тучи собрались.
Доспѣхъ тяжелъ, какъ передъ боемъ,
Теперь твой часъ насталъ.—Молись!

143.   Родинѣ

Русь моя, жизнь моя, вмѣстѣ-ль намъ маяться?
Царь, да Сибирь, да Ермакъ, да тюрьма!
Эхъ, не пора-ль разлучиться, раскаяться...
Вольному сердцу на что твоя тьма?

Знала ли что? Или въ Бога ты вѣрила?
Что тамъ услышишь изъ пѣсенъ твоихъ?
Чудь начудила, да Меря намѣрила
Гатей, дорогъ, да столбовъ верстовыхъ...

Лодки, да грады по рѣкамъ рубила ты,
Но до Царьградскихъ святынь не дошла...
Соколовъ, лебедей въ степь распустила ты,
Кинулась изъ степи черная мгла...

За море Черное, за море Бѣлое,
Въ черныя ночи и въ бѣлые дни,

Дико глядится лицо онѣмѣлое,
Очи татарскія мечутъ огни...

Тихое, долгое красное зарево
Каждую ночь надъ становьемъ твоимъ...
Что же маячишь ты, сонное марево?
Вольнымъ играешься духомъ моимъ?

144.   Идутъ Часы, и Дни, и Годы

Идутъ часы, и дни, и годы.
Хочу стряхнуть какой-то сонъ,
Взглянуть въ лицо людей, природы,
Разсѣять сумерки временъ.

Тамъ кто-то машетъ, дразнитъ свѣтомъ
(Такъ зимней ночью, на крыльцо
Тѣнь чья-то глянетъ силуэтомъ
И быстро спрячется лицо).

Вотъ мечъ. Онъ—былъ. Но онъ—не нуженъ.
Кто обезсилилъ руку мнѣ?
Я помню: мелкій рядъ жемчужинъ
Однажды ночью, при лунѣ,

Больная, жалобная стужа,
И моря снѣговая гладь...
Изъ подъ рѣсницъ сверкнувшій ужасъ—
Старинный ужасъ (дай понять)...

Слова?—Ихъ не было.—Что-жъ было?—
Ни сонъ, ни явь. Вдали, вдали
Звенѣло, гасло, уходило
И отдѣлялось отъ земли

И умерло. А губы пѣли.
Прошли часы, или года...
(Лишь телеграфные звенѣли
На черномъ небѣ провода)...

И вдругъ (какъ памятно, знакомо!)
Отчетливо, издалека,
Раздался голосъ: Ecce homo!
Мечъ выпалъ. Дрогнула рука...

И перевязанъ шелкомъ душнымъ,
(Чтобъ кровь не шла изъ черныхъ жилъ)
Я былъ веселымъ и послушнымъ,
Обезоруженный—служилъ.

Но часъ насталъ. Припоминая,
Я вспомнилъ: нѣтъ, я не слуга.
Такъ падай, перевязь цвѣтная,
Хлынь кровь и обагри снѣга!

145.   Художникъ

Въ жаркое лѣто и въ зиму метельную,
Въ дни вашихъ свадебъ, торжествъ, похоронъ,
Жду, чтобъ спугнулъ мою скуку смертельную
Легкій, доселѣ неслышанный звонъ.

Вотъ онъ—возникъ. И съ холоднымъ вниманіемъ
Жду, чтобъ понять, закрѣпить и убить,
И передъ зоркимъ моимъ ожиданіемъ
Тянетъ онъ еле примѣтную нить.

Съ моря ли вихрь? Или сирины райскіе
Въ листьяхъ поютъ? Или время стоитъ?

АЛЕКСАНДРЪ АЛЕКСАНДРОВИЧЪ БЛОКЪ

Или осыпали яблони майскія
Снѣжный свой цвѣтъ? Или ангелъ летитъ?

Длятся часы, міровое несущіе.
Ширятся звуки, движенье и свѣтъ.
Прошлое страстно глядится въ грядущее.
Нѣтъ настоящаго. Жалкаго—нѣтъ.

И, наконецъ, у предѣла зачатія
Новой души, неизвѣданныхъ силъ,—
Душу сражаетъ, какъ громомъ, проклятіе:
Творческій разумъ осилилъ—убилъ.

И замыкаю я въ клѣтку холодную
Легкую, добрую птицу свободную,
Птицу, хотѣвшую смерть унести,
Птицу, летѣвшую душу спасти.

Вотъ моя клѣтка—стальная, тяжелая,
Какъ золотая, въ вечернемъ огнѣ.
Вотъ моя птица, когда-то веселая,
Обручъ качаетъ, поетъ на окнѣ.

Крылья подрѣзаны, пѣсни заучены.
Любите вы подъ окномъ постоять?
Пѣсни вамъ нравятся. Я же, измученный,
Новаго жду—и скучаю опять.

Максимиліанъ Александровичъ Волошинъ

1877--

146.　　　　СВЯТАЯ РУСЬ

Суздаль да Москва не для тебя ли
По удѣламъ землю собирали
Да тугую золотомъ суму—
Въ рундукахъ приданое копили
И тебя невѣстою растили
Въ расписномъ да тѣсномъ терему?

Не тебѣ ли на рѣчныхъ истокахъ
Плотникъ-Царь построилъ домъ широко,
Окнами на пять земныхъ морей?
Изъ невѣстъ красой да силой бранной
Не была ль ты самою желанной
Для заморскихъ княжихъ сыновей?

Но тебѣ сыздѣтства были любы
По лѣсамъ глубокимъ скитовъ срубы,
По степямъ—кочевья безъ дорогъ,
Вольныя раздолья, да вериги,
Самозванцы, воры, да разстриги,
Соловьиный посвистъ, да острогъ.

Быть Царевой ты не захотѣла.
Ужъ такое подвернулось дѣло—
Врагъ шепталъ: «Развѣй да расточи,
Ты отдай казну свою—богатымъ,
Власть—холопамъ, силу—супостатамъ,
Смердамъ——честь, измѣнникамъ——ключи».

Поддалась лихому подговору,
Отдалась разбойнику и вору,
Подожгла посады и хлѣба,
Разорила древнее жилище,
И пошла поруганной и нищей
И рабой послѣдняго раба.

Я ль въ тебя посмѣю бросить камень?
Осужу ль страстной и буйный пламень?
Въ грязь лицомъ тебѣ ль не поклонюсь,
Слѣдъ босой ноги благословляя——
Ты——бездомная, гулящая, хмѣльная,
Во Христѣ юродивая Русь!

NOTES

[By Prince D. S. Mirsky.]

GAVRILA ROMANOVITCH DERZHAVIN, b. 1743 in the province of Kazan ; his family were landed gentry ; he served in the army and took part in the suppression of Pugachev's revolt (1773). His first extant poems are dated 1774. In 1782 he attracted Catherine II's attention by his 'ode' *Felitsa*, in which he praised the Empress and satirized her courtiers. This poem laid the foundation of his popularity and of a career in the Civil Service : he was in turn governor of Olonetz, of Tambov ; private secretary to the Empress ; Senator ; Minister of Justice and a Member of the Council of Empire. He died in 1816. During his life-time he was generally considered to be the first of Russian poets, and it needed the advent of Pushkin to eclipse his fame. His verse is unequal, but at its best it has a sweep of splendid rhetoric, and he combines realism and humour with sublimity ; he has, too, an astonishing power of rendering impressions of colour and light. The standard edition of his work was published by the Academy of St. Petersburg, and edited by J. K. Grot (1868 and foll.) in seven volumes. Several of Derzhavin's lyrics are translated in John Bowring's *Russian Anthology* (1821–1823).

1. The Ode Богъ (*God*) was in its time the most famous of all Derzhavin's lyrics. God is the God of a Deist rather than of a Christian. The Ode has been translated into several languages. The British Museum possesses a copy of an English version published by the Anti-Vivisection Society in Aurora, Illinois.

IVAN ANDREYEVICH KRYLOV, b. 1768 in Orenburg. His father was an officer in the army, promoted from the ranks. He was not well educated and was still young when he turned to journalism and the drama for a living. He wrote his first fable in 1805, and the first book of his *Fables* appeared in 1809. They achieved a speedy and immense popularity, and

Krylov was recognized to be the most national of Russian writers. During the nineteenth century his *Fables* went into a greater number of editions and had a better sale than any other secular book. Soon after the publication of his first book of Fables, Krylov was given an appointment in the Imperial Public Library—a sinecure—which lasted all his life. Many anecdotes are told about his laziness, his untidiness, his voracious appetite, and his shrewd and malicious humour. He died in 1844.

2. Два Голубя : an adaptation of La Fontaine's fable *Les deux Pigeons*. It is interesting to compare these two poems. Lines 5 and 6 in the Russian version are inimitable, untranslatable, and peculiarly Russian.

Vasili Andreyevich Zhukovsky, b. 1783 in the province of Tula, died 1852. The natural son of a gentleman called Bunin and of a Turkish girl. Educated at the University of Moscow. In 1802 he published his first version of Gray's *Elegy*, which has often been described as the dawn of modern Russian poetry ; in 1808 appeared *Lyudmila* (an adaptation of Bürger's *Lenore*), which started a rage for ballads ; in 1812 he enlisted in the militia and while in the army wrote his Пѣвецъ во станѣ Русскихъ воиновъ (well translated in John Bowring's *Russian Anthology*, 1823), which made him popular all over Russia. In 1816 he became intimate with the Imperial Family, first as teacher of Russian to Nicholas I's wife, later on as tutor to the future Emperor, Alexander II. Zhukovsky was the pioneer of Romantic (or rather, pre-Romantic) poetry in Russia. His work consists almost wholly of translations. His favourite poets were English (Gray, Scott, Southey, Moore, Byron) and German (Schiller and Uhland). He also translated the whole of the *Odyssey* (1847). Zhukovsky is looked upon by Russians as the Poet's poet, and as a craftsman of Russian verse, and a master of technique, second only to Pushkin.

9. This is Zhukovsky's second version of Gray's *Elegy*, written in 1839 after a pilgrimage to Stoke Poges. The use of hexameters, with frequent *enjambements*, is characteristic of Zhukovsky's latest manner. The earlier version was his first effort in translation.

Alexander Sergeyevich Pushkin, b. May 26 (o.s.), 1799,

in Moscow. On his father's side Pushkin was descended from one of the oldest families of the Russian nobility. His mother's grandfather was an Abyssinian (not a negro as is generally said). He was educated at the Lyceum of Tsarkoe Selo (1811–1817). He began writing poetry when still a boy. His first poems were printed in 1814 ; his first book, *Ruslan and Lyudmila*, in 1820, a romance in the style of Ariosto, which was instantly successful. Pushkin was at once acclaimed as the first Russian poet. In the same year he was banished to South Russia for writing revolutionary poetry. He spent four years in the South : the Caucasus, the Crimea, Bessarabia, Odessa. It was here that he discovered Byron (in a French translation), and under the influence of his Oriental Tales wrote *The Prisoner of the Caucasus* and the *Fountain of Bakhchisaray*. But Byron's influence was never more than skin-deep. Pushkin's ' Byronic ' or ' Southern ' poems were still more successful than *Ruslan* and found endless imitators. In 1824 Pushkin was again banished to his father's estate in the province of Pskov. His exile lasted until 1826, when he was pardoned by Nicholas I. Most of his best work, including *Evgeni Onegin*, *The Gipsies*, *Boris Godunov*, and *Poltava*, was written between 1824 and 1831. In 1831 he married Nathalie Goncharova, famous for her beauty, and thirteen years younger than himself. He settled in St. Petersburg, where he met with an exacting and exasperating patron in Nicholas I. The increase of his family lead to money difficulties (although considering the epoch and the state of the market his work was handsomely remunerated). His wife's coldness and frivolity was a perpetual source of torment to him. Her relations with Baron D'Anthès (a French Royalist in the Russian service) led to a duel. Pushkin was mortally wounded, and died after a prolonged agony on January 29 (o.s.), 1837. During the last years of his life he abandoned verse for prose : fiction, history, and journalism. With the publications of the *Prisoner of the Caucasus*, Pushkin's contemporaries recognized him as the first of Russian poets. In his later years his popularity waned, but after his death his supremacy was once more unquestioned. His fame suffered a temporary eclipse in the 'sixties and 'seventies, but from 1880 onwards (the date of Dostoyevsky's famous speech) it has increased steadily. Pushkin is to a civilized

Russian what Dante is to the Italians and Goethe to the Germans. Editions of Pushkin's works are numerous, but none are completely satisfactory.

10. Пророкъ, written in 1826.

11. Анчаръ (The Upas-tree), written in 1828.

12. Гусаръ, written in 1833.

13. Бѣсы, written in 1830.

14. Воспоминаніе, written in 1828. This is one of the only three *poems* included by Tolstoy in his *Reading Book* (Кругъ Чтенія). The other two are Baratynsky's *Death* (Смерть) and Tyutchev's *Silentium*.

15. Элегія, written in 1830. Translated by Maurice Baring in *Outline of Russian Literature*.

16. Красавица, written between 1831 and 1834.

17. Я васъ любилъ, written in 1829.

18. Къ А. П. Кернъ, written in 1825. An example of Pushkin's art at its highest and perhaps the most perfect of his love poems.

19. Предчувствіе, written in 1828.

20. Элегія, written in 1830.

21. Телѣга Жизни, written in 1823, and printed in this shape in 1824. The preceding rhyme makes a reconstitution of the second half of the eighth line easy. In the posthumous edition, edited by Zhukovsky, the sixth and eighth lines were 'emended', that is to say, bowdlerized, by the editor.

22. Поэтъ, written in 1827.

23. Туча, written in 1835.

24. Молитва, written in 1836. The second half of the poem (from l. 10) is a paraphrase of the Penitentiary Prayer of St. Ephraim of Syria, which is recited in the Eastern Church at every service during Lent.

25. Мадонна, written in 1830. One of Pushkin's three Sonnets. The sonnet was first introduced into Russia by Sumarokov (1717–1774), who followed the French model. Delvig (1798–1831), Pushkin's closest friend and schoolfellow, was the first Russian poet to write sonnets in decasyllabics, after the manner of Goethe and Schlegel. But the tradition of writing sonnets in alexandrines was revived by the Polish poet Mickiewicz. Two of Pushkin's sonnets are in alexandrines and one in decasyllabics. The latter

is a paraphrase of Wordsworth's 'Scorn not the sonnet,
critic'.

26. Ненастный день потухъ, written in 1824. The
poem is not an unfinished fragment, but was printed in this
form by Pushkin.

27. Три Ключа, written in 1827.

28. From Евгеній Онѣгинъ, canto iv, stanzas 40–41
(see note to No. 38).

29. Зимнее Утро, written in 1829.

30. Зимняя Дорога, written in 1826.

31. From Евгеній Онѣгинъ, canto v, stanzas 1–2.

32. Стрекотунья бѣлобока, a posthumous fragment
written in 1825.

33. Монастырь на Казбекѣ, written in 1829, during
Pushkin's tour to the Russian army, which was at that time
fighting the Turks in Armenia.

34. Пиръ Петра Великаго, written in 1835.

35. Клеветникамъ Россіи, written in 1831, during the
Polish Rebellion. The pretext for this outburst were the
pro-Polish speeches in the French Chamber.

36. Русланъ и Людмила, Прологъ, written in 1828 for
the second edition of that Romance. An epitome of the
favourite subjects of Russian folklore.

37. Памятникъ, written in 1836. This is, as is hinted in
the epigraph, an imitation of Horace's ode and more directly
of Derzhavin's adaptation of it. The fourth stanza has been
commented on *ad nauseam* by Liberal and Radical critics.
M. Gershenzon (in Мудрость Пушкина, 1918) has tried to
prove that the stanza, taken with the one that follows it,
should be interpreted ironically.

38. Евгеній Онѣгинъ, begun in 1823 and finished
1831. The third Canto, which contains Tatyana's letter, was
written in 1824.

39. Полтава, written in October 1828.

40. Разговоръ Книгопродавца съ Поэтомъ, written in
1824.

41 and 42. Борисъ Годуновъ was written in 1825 under
the influence of Karamzin's *History of Russia* and of Shake-
speare's Chronicle plays. It is the longest, but in the opinion
of many critics not the most successful of Pushkin's dramas.
In it Pushkin used a peculiarly monotonous and fettered

form of blank verse, with a compulsory caesura after the fourth syllable, as in the French *décasyllabe*. The English public has been made familiar with *Boris Godunov*, Musorgsky's great 'musical drama'. But Musorgsky did not follow the play in all points: many of Pushkin's scenes are omitted and a few which are not in Pushkin's text are added.

43. Скупой Рыцарь: written in 1830, together with three other 'little tragedies' (Каменный Гость, Моцартъ и Сальери, and Пиръ во Время Чумы). In these plays Pushkin reaches the high-water mark of his work as a dramatist. They were written mainly under English influence: Пиръ во Время Чумы is an adaptation of a scene from John Wilson's *City of the Plague*; Скупой Рыцарь Pushkin ascribed to a fictitious English poet 'Chenstone'; the form may have been suggested by some of Barry Cornwall's work. The blank verse of these 'tragedies' is much freer than that of *Boris Godunov*; it has no caesura, and frequently uses *enjambements*.

KONDRATI FEDOROVICH RYLÉYEV, b. 1795. Like most of the poets of his time he came of the stock of the landed gentry. He took a prominent part in the Revolutionary movement of 1825 and was the brains, and the soul, of the Northern Secret Society. After the failure of the Revolt he was one of the five leaders to be sentenced to death. He was hanged on June 13 (o.s.), 1826. His reputation as a poet rests on *Voynarovsky* (1825), an historical poem of the times of Peter the Great, and on a few lyrics inspired by his political feelings, one of which is quoted here under No. 44.

IVAN IVANOVICH KOZLÓV, b. 1779. Served in the army. In 1820 he became blind. It was only then that he began to write verse. In 1824 he published Чернецъ (The Monk), a Byronic poem which met with a success second only to that of Pushkin's. But his best work are translations, mainly from the English poets (Wordsworth, Byron, Moore, &c.). He died in 1840.

45. На Погребеніе, &c. This is of course a translation of Charles Wolfe's famous ode *On the Death of Sir John Moore*. The poem is quite as much of a classic in Russia as in England.

EVGENI ABRAMOVICH BARATÝNSKI (or Boratynski), b. 1800 on his parents' estate in the province of Tambov. For a misdemeanour committed when a schoolboy he had to serve six years as a private soldier. In 1825 he was given a commission and left the service. His later life was uneventful. He died in 1844 in Naples. His elegies and tales in verse were popular among his own generation (Эда, 1825, and Балъ, 1828). He was greatly admired by Pushkin. The next generation neglected him, though it was only towards the end of his life that he wrote his best poems (Сумерки, Twilight, 1842). In the second half of the century he had but few readers (one of them was Tolstoy). But since then he has met with a triumphant revival. His most characteristic work are his philosophical lyrics, like the one quoted here. He is, after Pushkin and Zhukovsky, one of the three great masters of technique in Russian verse.

NIKOLAY MIKHAYLOVICH YAZÝKOV, b. 1803 on the Volga; a student at the German University of Dorpat. He became a permanent invalid before the age of thirty. He died in 1846. Yazykov's poetry is mainly remarkable for its wonderful rhythm. Readers of Yazykov are familiar with the effect produced by his verse, which has again and again been compared with physical intoxication. His early poetry is Anacreontic, his later work mainly patriotic and religious. He was Gogol's favourite poet. Neglected in the second half of the nineteenth century, he, too, was 'revived' in the last decade.

48. Пловецъ. This poem, set to music, has become very popular.

ALEKSEY VASILYEVICH KOLTSOV, b. 1808 in Voronezh. The son of a wholesale cattle-dealer. His father was a man of means, but as he did not belong to the nobility and received no regular education, Koltsov, according to the ideas of the time, belonged to the 'people'. The poetry he wrote in the ordinary style of the day is uncouth and clumsy, but his 'Russian Songs' are unique. They carry on a tradition of *literary* song-writing which can be traced as far back as the eighteenth century, and which does not proceed directly from Russian folk-song. His metre, though an imitation of the 'popular' metres, is distinctly conventional at times. His first book appeared in 1835, when he came into contact with the budding *intelligentsia* of Moscow (Belinsky), and under the influence of his new friends and of their German idealism wrote a series of very puerile 'philosophical' meditations. He died in 1842. His works have been excellently edited by the Academy of St. Petersburg (1911). *A Sheaf of Papers*, by Professor Oliver Elton, contains an interesting paper on Koltsov, with some translations.

MIKHAIL YURYEVICH LÉRMONTOV (or Lermantov) was born in 1814 in Moscow. He had for ancestor a Captain George Learmount, a Scottish officer in the Russian service (early seventeenth century). The Learmounts trace their descent to Thomas of Ercildoune, Thomas the Rhymer. At sixteen Lermontov entered the University of Moscow, but was transferred in 1832 to the Cavalry School in St. Petersburg. In 1834 he received his commission, in the Hussars of the Guards. In 1837, for his poem on the death of Pushkin (see No. 53), he was detailed to the Caucasus. In the following year he was allowed to return and became a lion in St. Petersburg society. In 1839 he fought a duel, for which he was again sent to the Caucasus. He took part in several expeditions against the Mountaineers, and fought with distinction. In 1841, when staying at Pyatigorsk (a well-known Caucasian watering-place), his conduct led to another duel with a Captain Martynov. The duel was fatal. Lermontov was killed (June 15, 1841).

Lermontov began writing verse early, but it was not before 1837 that he attracted any attention. His only book of verse appeared in 1840. In the same year appeared his only novel, Герой Нашего Времени (A Hero of our Times), which placed him in the first rank of Russian novelists. His famous poem Демонъ appeared posthumously in 1858. Lermontov is the most romantic of Russian poets. Byron exerted a more lasting and a deeper influence over him than over Pushkin. Lermontov ever since his death has been recognized as the second greatest poet of Russia. The editions of his works are all unsatisfactory, as his mature work, small in extent and perfect in quality, is swamped in his voluminous posthumous poems written for the most part before he was eighteen.

53. Смерть Поэта, written in 1837, under the first shock of the death of Pushkin (see biographical note).

NOTES

54. Отчизна (1839). *Things New and Old* by John Swinnerton Phillimore (1908, H. Milford) contains an English version of this poem (*Lermontov's Patriotism*).

56. Послѣднее Новоселье, written in 1840, on the occasion of the transfer of Napoleon's body from St. Helena to the Invalides.

58. Ангелъ, written in 1832, when Lermontov was only eighteen, but not printed till 1840. This poem and the next (No. 59) stand out from the rest of Lermontov's *juvenilia*, which are for the most part morbid in conception and clumsy in execution.

66. Мцыри, written in 1839. *Mtsiri* is a Georgian word and means novice. In this poem Lermontov perhaps attains to the highest reaches of his work. Its versification is interesting ; the exclusive use of *single* rhymes is contrary to the established traditions of Russian literature and can be accounted for by the influence of the English poets (Scott's and Byron's octosyllabics). This metre was first used by Zhukovsky in his translation of the *Prisoner of Chillon* (1821).

67. Демонъ was begun in 1829 and finished in 1839, but not published till 1858. It is Lermontov's most popular poem, mainly owing to the easy and caressing mellifluousness of its verse.

ALEKSEY STEPANOVICH KHOMYAKÓV, b. 1804 in Moscow. Served in the Horse Guards and took part in the war with Turkey of 1828–1829. In the 'thirties he was one of the founders, and later became the most influential leader, of Slavophilism. He is also the most prominent and influential theologian of the Russian Church in the nineteenth century ; all Orthodox Theology as it developed later on bears the impress of his thought. His best poems (mainly patriotic and devotional) were written in the 'forties and 'fifties. He died in 1860.

68. Орелъ, written in 1835, and one of the earliest literary manifestations of Slavophilism.

70. Россіи, written in 1854, at the beginning of the Crimean War.

NIKOLAY ALEKSEYEVICH NEKRÁSOV, b. 1821. His father was an uneducated squire of the crudest type ; his mother a Polish gentlewoman. At the age of seventeen he left his

home in the province of Yaroslavl and came to St. Peters-
burg. He was for some time a student at the University,
but soon had to leave it for lack of means. He earned
a living by literary hackwork, but soon began to publish,
and with great success. In 1846 he published a miscel-
lany (Петербургскій Сборникъ), a manifesto of the rising
' Natural School ' ; it included among other things Dostoev-
sky's first novel (Бѣдныя Люди). In the same year he bought
the Современникъ, a review which, founded by Pushkin,
had sunk into insignificance since his death. In Nekrasov's
hands it rapidly became the most popular magazine in Russia
and the rallying ground of all the Liberal (and, after 1856, of
the Radical) writers. It was suspended in 1866, but was
revived soon afterwards under another name. Nekrasov
was pushing and unscrupulous as a man of business, but an
editor of genius. He was also the best critic of verse of his
generation. As a poet he was the only representative of the
Natural School in poetry. His poetry is never ' without
a purpose ' ; it is what used to be called in Russia ' civic
poetry ' (гражданская поэзія). During his lifetime Nekra-
sov's poetry was usually judged according to party shibboleths,
and only recently he has finally been recognized as one of
Russia's greatest poets, and certainly one of the most
original. His masterpiece, Кому на Руси жить хорошо,
was written in 1870–1873. It has been translated into
English by Mrs. Soskice (*The World's Classics*). He died in
1877.

73. Родина. A splendid translation of this satire by Pro-
fessor O. Elton appeared in the *London Mercury*, No. 28,
February 1922.

77. Коробейники, written in 1861. This is one of Nekra-
sov's most charming and original productions. Some passages
of it have become popular as songs.

78. Плачъ Дѣтей. This is not a translation but a con-
densed paraphrase of Mrs. Browning's *The Cry of the Children*.

79. Саша was written in 1854. The principal characters
are reminiscent of Turgenev's *Rudin*, which appeared the
year after.

81. Морозъ Красный Носъ, one of the finest of Nekra-
sov's longer poems.

Verse 19. The pronoun (надъ нею) refers to Darya,

the heroine of the poem, a peasant woman, whose husband's death has been related in the earlier parts of the poem. She has gone to the forest to cut wood for his coffin.

FEDOR IVANOVICH TYÚTCHEV, b. 1803. He studied at the University of Moscow, and in 1822 entered the diplomatic service. He occupied posts at Munich and at Turin, where he was at one time *chargé d'affaires*. In 1840 he left the diplomatic service and came to St. Petersburg, where he became a prominent figure in society owing to his wit and his brilliance. He was married twice ; both his wives were Bavarians. Like many Russian nobles of his generation, he wrote and spoke French with greater ease than Russian. All his correspondence and his very interesting political papers are in French. He seems to have used Russian only for verse. In politics he was an ardent Panslavist. He died in 1873. His earliest poems were printed as early as 1820, and many of his best and best-known lyrics appeared in 1836–1838 in Pushkin's Современникъ. But his poetry attracted little attention until in 1850 Nekrasov wrote enthusiastically of it in his Review. This was followed by a publication of Tyutchev's poetry in book-form (1854). All the best judges (including Turgenev and Tolstoy) recognized Tyutchev as the greatest living poet of the day. But his politics and the peculiar quality of his nature-poetry prevented it from becoming popular among the *intelligentsia*. A brilliant essay on Tyutchev's poetry and on his conception of Chaos and Cosmos was published in 1895 by Vl. Soloviev. About the same time he was 'taken up' by the Symbolists, who considered him as a ' precursor ', and before long he was generally recognized as one of the small number of great poets. Several editions of his works have appeared since 1912, but a satisfactory edition is still lacking (see note to No. 84).

84. Сонъ на Морѣ was first printed in 1836, but in 1854 it appeared in a new form (reproduced here), where the numerous ' irregularities ' of the original version were smoothed away by Turgenev. Turgenev exercised a sort of critical dictatorship over the poets of his day. This was especially easy to do towards Tyutchev, because he took no interest in the publication of his verse and refused to read his proofs. The

Vulgate of both Tyutchev and Fet bear the strong impress of Turgenev's revisions, which on the whole tended towards smoothness of rhythm and what he thought good taste. The original versions presenting Tyutchev's poetical conceptions untouched by the hand of Turgenev have not been reprinted in any edition of the poet's works.

85. Святая ночь. This is one of Tyutchev's most characteristic 'pantheistic' poems. The conception of day as 'a golden cover' of Order and Light thrown over the unfathomable abysses of Night and Chaos occupies a central place in Tyutchev's 'philosophy'.

AFANASI AFANASIEVICH FET, b. 1820 in the province of Orel. His father was a country gentleman of the name of Shenshin, his mother a German. Their marriage was invalid in Russia and the poet had consequently to bear his mother's name (in German Foeth) till at last in 1877 he was allowed to adopt his father's. But in literature he retained the old name that he had made famous. He studied at the University of Moscow and served in the Cavalry. In 1856 he retired and for the rest of his days lived the uneventful life of a country gentleman in Central Russia, interested mainly in bettering his worldly estate. His views were extremely reactionary. He died in 1892. He began writing poetry early, and some of his best and most popular lyrics were published as early as 1842. In the 'sixties the 'anti-aesthetic' critics who rejected poetry altogether choose Fet for their special victim, and the comic papers and reviews of the period are full of more or less amusing jokes at his expense. On account of this he left the world of letters from after 1863. He published new matter in 1885, when the atmosphere had become more favourable for 'pure art'. His influence was great on Vl. Soloviev, and after his death on the Symbolists. Besides two volumes of lyrics he has left us numerous translations from the Latin poets (Virgil, Horace, Catullus, Propertius) and three volumes of interesting but singularly reserved Memoirs.

A Sheaf of Papers, by Professor O. Elton, contains an interesting essay on Fet, with numerous translations.

88. Шопотъ. Робкое дыханье. This poem was the special favourite of the anti-poetry critics of the 'sixties, and

was ridiculed by the comic papers of the time. One of the points especially singled out for ridicule was the absence of verbs in the whole poem, a feature, however, which is in harmony with the spirit of the language.

APOLLON NIKOLAEVICH MÁYKOV, b. 1821 in Moscow, of a family of artistic and literary traditions (his great-grand-father, V. I. Maykov, was famous in the eighteenth century for his burlesque poem Елисѣй или Раздраженный Вакхъ). Maykov was trained at first to be an artist. He began writing poetry early (his first verse was published in 1835 !), and he soon became popular ; he was the most universally admired and least criticized poet of the Victorian Age, but of recent times his reputation has suffered eclipse. His early poetry is in the style of André Chénier and the Greek Bucolic poets. He died in 1897.

97. Сѣнокосъ. This poem is an inevitable item of every child's anthology. It is often the first piece of poetry to be learnt by heart by Russian children.

YAKOV PETROVICH POLÓNSKY, b. 1819 in Ryazan, d. 1898. His life was entirely uneventful. He was a friend of nearly all the great literary men of the time, and inspired sincere affection among all who knew him (especially Turgenev and Fet). His first book appeared in 1845 ; all his best work was done before 1870. For ' lyrical cry ' he has no rival among the poets of his time, and he has a fine romantic vision, rare in Russian poetry, which in combination with his homely realism gives his poetry a unique flavour. But he was obsessed by the necessity of expressing ' ideas ' ; this, together with the low standard of poetical craftsmanship of his time, was fatal to him, and his best work is out of all proportion to his voluminous worst.

102. Встрѣча. The last line has become a familiar phrase in Russian.

IVAN SAVICH NIKÍTIN, b. 1824 in Voronezh, the son of a tradesman. Like his fellow townsman Koltsov, he came from the ' people ', but most of his poetry is ' literary ' both in diction and metre. His most interesting work is the narrative poem Кулакъ, the most sustained effort in Russian poetry in a ruthless and uncompromising realism. He died in 1861.

COUNT ALEXEY KONSTANTINOVICH TOLSTÓY, a distant cousin of his more famous namesake. Born in 1817 in St. Petersburg. He was exceptionally well educated, and on a visit to Weimar sat on Goethe's lap. He was a personal friend of the Emperor Alexander II. Except during the Crimean War, when he served as a major in a militia regiment, he occupied only honorary posts at court and lived the free life of a nobleman of more than independent means. His country place was in Little Russia. He began writing verse rather late (in 1854), and his first book appeared in 1867. In the following years he wrote a noble *Dramatic Trilogy*, the most popular series of Russian historical plays. The second part of the trilogy, Царь Ѳедоръ, is one of the favourite plays in the repertory of the Moscow Art Theatre. He also wrote an historical novel on the period of Ivan the Terrible. He died in 1875.

As a poet, besides excelling in lyrics and the ballad, he is *facile princeps* among Russian writers of humorous and nonsense verse. Сонъ Статскаго Совѣтника Попова, a satire on the Minister Valuiev, is his masterpiece in this line. He invented in collaboration with his cousins the brothers Zhemchuzhnikov the figure of Kosma Prutkov, a Russian M. Prudhomme, and published numerous works in prose and verse under that name. The *Works of K. Prutkov* is a favourite book, ' all quotations ', in Russia, and in its way unrivalled.

108. Ой, стогú, стогú. Compare this Slavophil allegory with Khomyakov's Орелъ (No. 68). Note the lines :

> Поганыя гнѣзда

and

> Далёко, далёко,

with the accents shifted to a weak syllable, a thing not tolerated in Russian literary verse, but very common in both Great and Little Russian rhymed folk-song.

110. Горними тихо летѣла. Compare Lermontov's Ангелъ (No. 58).

114. Осень ! Обсыпается. This poem and Nos. 115 and 118 are all very popular as songs.

NOTES

The following English paraphrase of No. 114, by Lady Desborough, appeared in the *Dublin Review* (No. 337, 1921):

November

Winter is near, the golden leaves
Lie on the ground in wind-swept sheaves;
The scarlet berries light us still
As you and I go down the hill.

Go down the hill, while stars grow bright,
And hand-in-hand we meet the night:
Tears in my eyes you cannot see
But let my silence speak for me.

116. По греблѣ неровной и тряской. See English translations of it by Maurice Baring in *An Outline of Russian Literature* and *Landmarks of Russian Literature*.

117. Тропарь. From the poem Іоаннъ Дамаскинъ (1858). An imitation of the ἰδιόμελα of St. John Damascene, which is a part of the Requiem of the Eastern Church. Other motifs from the same service have also been introduced.

119. У приказныхъ воротъ. This amusing satire of old Muscovite bureaucracy is a good example of the more ‘serious’ and less nonsensical style of Tolstoy’s humorous poetry.

Nikolay Maksimovich Mínsky (ps. of N. M. Vilénkin), b. 1855 in White Russia. One of the first Jews to make a name in Russian letters. His early poetry is more or less ‘civic’, but about 1890 he became, together with Merezhkovsky, one of the leaders of the new movement, variously known as Symbolist, Modernist or Decadent.

Semen Yakovlevich Nadson, b. 1862. His father was of Jewish extraction, his mother Russian. He was brought up in a cadet school and served for a time in the army. He died of consumption in 1887 in Yalta. His poetry was immensely popular among the *intelligentsia*, and he was the ‘best-seller’ among the poets until well into the twentieth century.

Aleksey Nikolayevich Apukhtin, b. 1841. Educated at the School of Jurisprudence in St. Petersburg, where his schoolfellow was Chaikovsky. His first book appeared in

1886. He spent all his life in St. Petersburg society and, it was mainly there and in provincial society that his verse was most popular, forming a sort of 'aristocratic' counterpart to the 'intelligentsiatic' poetry of Nadson. He died in 1893. The names of Nadson and Apukhtin have come to stand for the low-water marks of Russian verse.

126. Ночи безумныя. Set to music this poem has become a popular song of the Gipsy choruses of St. Petersburg and Moscow.

KONSTANTIN KONSTANTINOVICH SLUCHÉVSKY, b. 1837 in St. Petersburg. Served in the Foot Guards and later on in the Civil Service ; he was for a long time editor of the official Правительственный Вѣстникъ (Government Gazette). His first poems appeared in 1860, but he was hissed off the literary stage by the Anti-Verse critics and did not appear in book form until 1876. He died in 1904. He is the most remarkable and original poet of an unpoetical period. He had real genius and a wonderfully alert and receptive mind. Much of his best poetry is metaphysical, but he is probably at his best in his 'geographical' poems (especially in his poems of the North of Russia). He was heavily handicapped, for never in any Christian country (except perhaps in America at the same time) was poetical craftsmanship so low as it was in Russia in the last lap of the nineteenth century. His verse is more often than not uncouth and clumsy, but his ideas are always original and stimulating.

VLADIMIR SERGEYEVICH SOLOVYÉV, b. 1853. The son of the eminent historian, Professor S. M. Solovyev. He studied philosophy at Moscow and mystical subjects at once attracted him. The scene of part of his autobiographical poem where he tells of three mystical visions is laid in the British Museum. He was the most brilliant philosopher, theologian, and political controversialist of his time. In philosophy a passionate opponent of materialism and positivism ; in theology he advocated Theocracy and the Union of the Churches with a strong leaning towards Rome ; in politics a moderate Liberal, bitterly opposed to the Nationalist policy of Alexander III. His masterpiece from the literary point of view is Три Разговора (Three Dialogues, 1899 ; disgracefully translated into English under the auspices of Mr. Stephen Graham). He died in 1900.

His life by his nephew, S. M. Solovyev (prefixed to an edition of his poems, 1915), is one of the best-written Russian biographies. As a poet he was a pupil of Fet and Aleksei Tolstoy ; the subject-matter of his poems is mystical and visionary. Like all his contemporaries, he suffered from the low poetical culture of the time. His poetry and his mysticism exercised a deep influence on some of the Symbolists, viz. Blok and Andrey Bely.

KONSTANTIN DMITRIEVICH BALMÓNT, b. 1867 in the province of Vladimir. Lives in Paris. His first book appeared in 1894. He was the first of the Russian Symbolists to gain universal recognition and became a favourite with the reading public. He was strongly influenced by English poetry, and translated into Russian his favourites, Shelley (wretchedly) and Edgar A. Poe (fairly well).

VALERY YAKOVLEVICH BRYUSOV, b. 1873 in Moscow of a merchant family. Became in 1918 a member of the Communist Party, and holds a high post in the Soviet Commissariate for Education. In the early years of the century he was the chief leader of the Symbolist movement. He represents the French influence in Russian Symbolism. His best books appeared from 1901 to 1909. His later work is merely mechanical. He has successfully translated poems from the French, Latin, and Armenian, as well as the *Raven* and the *Ballad of Reading Gaol*.

IVAN ALEKSEYEVICH BUNIN, b. 1870. Lives in Paris. Bunin is famous chiefly as a novelist. He is in the opinion of many good judges (including M. Gorky) the greatest living master of Russian prose. As a novelist he proceeds from Turgenev, Flaubert, and Chekhov. Some of his stories (including his masterpiece *The Gentleman from San Francisco*) have been translated into English. His verse is inferior to his prose ; in character it is Parnassian, the most genuinely Parnassian poetry in Russia.

ALEXANDER ALEXANDROVICH BLOK, b. 1880 in St. Petersburg. His father was Professor of Law at Warsaw, his mother the daughter of Beketov, the eminent botanist. He married a daughter of the famous Mendeleyev. His early poems (Стихи о прекрасной Дамѣ, 1904) are mystical and reminiscent of Vl. Soloviev. His later verse reflects his loss of faith in the visions of his youth. The older he grew, the more realistic, ironical, and gloomy his work became. In 1917 he welcomed the Bolshevik revolution, but never became a Communist. He wrote his great poem of the Revolution, Двѣнадцать (*The Twelve*), in January 1918. It is the crowning achievement of modern Russian verse (too long for insertion here). It was his last work. The last three years of his life seem to have been passed in unmitigated gloom. He died in 1921. He is beyond doubt the greatest Russian poet since the days of Lermontov and Tyutchev. His poetical works are collected in five volumes. Vol. I contains his lyrical poetry from 1898 to 1904 (the mystical period) ; Vol. II, from 1904 to 1908 (largely transitional and still immature) ; Vol. III (from 1908 to 1916) all his best lyrics ; Vol. IV, Двѣнадцать, and the unfinished auto-biographical poem Возмездіе ; and Vol. V, his wonderful lyrical dramas. Some of his lyrics have been translated into English by Mr. P. Selver, Mr. A. Yarmolinsky, and others. There are two English versions of the *Twelve* (by Mr. Bechoffer and by Mr. Yarmolinsky and Miss Deutssh), but neither is entirely satisfactory. On the other hand, the French version of the poem by M. Svidersky is good, and the German by Herr Wolfgang Gröger is a masterpiece.

The Reminiscences of Blok, by Bely, his friend and counter-part (Эпопея, Nos. 1–4, Berlin, 1922–3), besides being amusing are indispensable for an understanding of his poetry and personality.

139. Незнакомка (1906). The most widely popular of Blok's poems. The scene is a summer resort in the environs of St. Petersburg.

142. На Полѣ Куликовомъ (1908). This has often been commented on as a prophetic poem. Blok was certainly extraordinarily sensitive to the Future, and much of his poetry can be called prophetical without any stretch of the imagination. The poem is a lyrical ' variation ' on the theme of an Old-Russian prose-poem of the battle of Kulikovo (1380).

Maximilian Alexandrovich Voloshin, b. 1877. Lives at Koktebel (Crimea). His first poems appeared in 1903. His best poems are on subjects taken from Russian history, and written under the impression of the Revolution. The best of all is quoted here, written in 1918 (Демоны Глухо-нѣмые, 2nd ed., Berlin, 1923).

INDEX OF FIRST LINES

INDEX OF FIRST LINES

INDEX OF FIRST LINES

INDEX OF FIRST LINES

INDEX OF FIRST LINES

PRINTED IN ENGLAND
AT THE OXFORD UNIVERSITY PRESS